성경

"NEMURENAKUNARUHODO OMOSHIROI ZUKAI SEISHO"

by Nobuhiro Shibuya

First published in Japan by NIHONBUNGEISHA Co., Ltd., Tokyo
This Korean edition is published by arrangement with NIHONBUNGEISHA Co., Ltd., Tokyo in care of Tuttle-Mori Agency, Inc., Tokyo, through, ERIC YANG AGENCY, Seoul.

한 권으로 끝내는 인문 교양 시리즈

시부야 노부히로 지음 | 양지영 옮김

에덴동산은
아시아에 있었다?

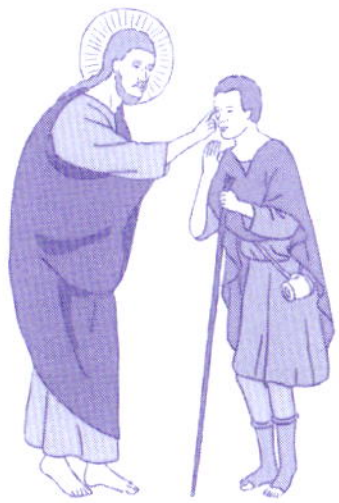

일주일은 왜 7일을 기준으로 삼을까?

에피소드와 명화로 읽는 성경

박해받던 기독교가
로마 제국의 국교가 된 이유는?

유다는 왜 예수를
배신했을까?

『구약성경』, 『신약성경』
통독을 위한 한 권!
61개 에피소드로 성경을 풀어 쓰다!

RHK
알에이치코리아

시작하며

의외라고 생각할지 모르지만 우리 일상과 성경의 관계는 아주 깊다. 예를 들어 '피리를 불어도 춤추지 않는다', '돼지 목에 진주', '사상누각'과 같은 속담이나 관용구는 성경에서 유래한다.

평화의 상징인 비둘기는 노아의 방주 이야기에서 유래했고, 만화나 애니메이션에서 머리 위에 동그랗게 원을 그려 죽은 사람을 표현하는 것도 성경의 한 장면을 그린 종교화에서 유래했다.

일주일을 7일로 정하고, 그중 하루를 휴일로 삼은 제도는 『구약성경』의 창세기에 기록된 천지창조에서 비롯된다. 그밖에도 성경에서 유래된 말이나 습관, 전승 등을 찾으면 끝없이 나올 정도로 많다(그중 일부는 이 책에도 써 놓았으니 찾아보기를 바란다).

기독교가 국교가 아닌데다 신앙의 자유가 인정된 지 약 140년밖에 지나지 않은 일본에서조차 이 정도로 성경이 일상 곳곳에 침투해 있다.

그러니 로마 제국이 기독교를 국교로 정한 이후 1600년이 넘는 역사를 가진 서양에서는 성경이 문화의 골격 일부를 형성하는 게 당연하다. 예를 들어 마리아, 엘리자베스, 수산나, 폴, 피터, 토마스와 같은 서구 문화권에서 자주 볼 수 있는 이름(나라에 따라 읽는 방법이 다르다)은 전부 성경에 등장하는 인물이다.

소설이나 드라마 등에서도 성경의 에피소드를 소재로 삼은 표현이 자주 나온다. 문화의 일부다 보니 작가의 신앙과 상관없이 그렇게 표현하는 것이다.

따라서 성경을 아는 것은 서양 사회를 비롯한 기독교 문화권을 이해하는 데 불가결하다. 또한 일본 문화를 재인식하는 데도 필요한 요소다. 왜냐하면 16세기 이후부터 지금까지 일본은 직·간접적으로 성경에서 유래된 문화, 습관, 제도의 영향을 받았기 때문이다.

이 책에서는 성경의 에피소드를 소재로 삼은 명화를 중심으로 성경의 내용을 정리했다. 이를 통해 성경에는 어떤 이야기가 있고, 그 이야기가 서양 문화에 어떤 영향을 주었는지 알 수 있을 것이다.

그림의 테마를 이해하기 쉽도록 일러스트로 표현했다. 관심이 가는 그림은 꼭 원화를 찾아보기를 권한다. 지금까지와는 다른 시선으로 명화를 감상하는 스스로를 깨달을 것이다.

시부야 노부히로

목
차

1부

『구약성경』

하나님과 사람들의 계약 이야기

2부

『신약성경』

구세주 예수의 이야기

※ 본문의 성경 인용은 대한성서공회 공동 번역 『성서』를 따른다. 일부는 가독성을 고려해 약간의 생략과 개편을 가했다(일본어 원서는 성서협회공동번역 『성서』(1987년 · 2018년)를 인용했다).

1부

『구약성경』 하나님과 사람들의 계약 이야기

네가 몸 붙여 살고 있는 가나안 온 땅을 너와 네 후손에게 준다.

나는 그들의 하나님이 되어주리라.

창세기 17장 8절

『구약성경』이란?

중동을 무대로 한 유일신과 인간들의 계약 이야기

성립 수천 년에 걸쳐 만들어진 성전

성경은 『구약성경』과 『신약성경』이라는 2개의 성전으로 이루어져 있다. 『구약성경』은 39권, 『신약성경』은 27권으로 구성된다. 여기서 주목해야 할 점은 『구약성경』이라는 호칭은 기독교에서 부르는 것이라는 점이다. 유대교(유다교)에서는 그렇게 부르지 않는다.

기독교에서는 구세주(메시아=그리스도)인 예수가 신과 인간 사이의 새로운 '계약'을 맺었다고 생각하기 때문에 이전의 계약이라는 의미에서 '구약舊約'이라고 부른다. 유대교에서는 지금도 『구약성경』에 해당하는 부분만 '성경'이라고 여긴다. 이 책에서는 기독교의 입장에서 설명할 것이다.

『구약성경』은 인간을 포함한 만물의 창조로 시작하며, 기원전 5세기경까지의 이야기를 다룬다. 주된 내용은 이스라엘 백성(유다 민족=유대인)과 신과 관련된 역사다.

문서로 기록되기 시작한 시점이 언제부터인지 정확히는 모르지만 『구약성경』 중에서도 가장 처음 성립됐다고 여겨지는 창세기, 출애굽기, 레위기, 민수기, 신명기(모세오서 또는 토라로도 불린다)는 기원전 4세기에는 정식 성전으로 인정되었다.

이어서 신의 말을 사람들에게 전달하는 역할을 맡은 판관(민족의 지도자)이나 예언자들의 이야기(판관기와 이사야 등)가 정전으로 인정되었다. 기원전 3세기경의 일이다. 게다가 기원전 2세기경에는 시편과 잠언, 욥기와 같은 문학적인 서책도 정전으로 더해졌다.

이러한 문서는 히브리어로 쓰여 있었는데, 그 땅이 그리스의 세력 밑에 놓인 기원전 3~1세기경에는 공용어였던 그리스어로 쓰인 역본도 만들어졌다.

그런데 그리스어 역본에는 히브리어 역본에는 포함되지 않은 문서도 있어서, 어디까지를 정전으로 인정할지를 두고 문제가 불거졌다. 기원전 90년경 예루살렘 서부 도시 야브네(얌니아)에서

▲ 토라 사본을 제작하는 유대교도. 여전히 손으로 옮겨 적는 옛날 방식을 사용해 만든다.

유대교의 지도자들이 논의한 결과, 히브리어로 쓴 39권을 정전으로 인정하기로 결정했다.

그즈음에 이미 넓은 지역에 퍼져 포교 활동을 하던 기독교도는 그리스어 역본을 사용했다. 그래서 그 시기에 정전으로 인정되지 않던 문서도 속편(아포크리파, 외경)으로 불리며 정전에 준하는 가치를 인정받게 되었다.

▲ 사해 연안의 쿰란 유적 부근에 있는 동굴에서 기원전 3~2세기에 제작된 것으로 추정되는 가장 오래된 『구약성경』 사본이 발견되었다.

『구약성경』의 구성(총 39권)

모세오서(5권)	창세기/출애굽기/레위기/민수기/신명기	
역사서(12권)	여호수아기/판관기/룻기/사무엘 상/사무엘 하/열왕기 상/열왕기 하/역대기 상/역대기 하/에즈라/느헤미야/에스델	
시서(5권)	욥기/시편/잠언/전도서/아가	
예언서(17권)	대예언서(5권)	이사야/예레미야/애가/에제키엘/다니엘
	소예언서(12권)	호세아/요엘/아모스/오바디야/요나/미가서/나훔/하바꾹/스바니야/하깨/즈가리야/말라기

(무대) 2대 문명지를 포함한 장대한 스케일

일본의 성서협회공동역 『성서』(1987년판·2018년판)의 책 말미에 실린 「성서에 대해서」에는 『구약성경』에 수록된 이야기들의 무대를 '동지중해 나라들'이라고 표현한다. 이것은 학문적인 면에서는 정확할지 모르지만 오해를 불러올 소지가 있는 표현이다. 왜냐하면 지중해 연안 지역만 배경으로 이야기가 전개되는 듯한 인상을 주기 때문이다.

실제 무대는 더 광대한 지역이었다. 서쪽으로는 이집트, 동쪽으로는 티그리스강·유프라테스강 유역까지 이른다. 현대의 지역 구분으로 보면 대부분 중동이라고 불리는 지역과 겹친다.

이러한 지역에는 4대 문명 중에서 2개 문명지(이집트 문명·메소포타미아 문명)가 포함된다는 점이 흥미롭다. 명실공히 고대 문명의 발상지라고 할 수 있다.

『구약성경』의 창세기를 읽으면 이 성경의 이야기가 2개 문명지와 밀접한 관계가 있다는 점을 알아차릴 것이다. 예를 들면 아담과 하와가 살던 낙원 에덴동산은 티그리스강·유프라테스강 유역에 있었다고 여겨지고, 바벨탑 이야기는 메소포타미아 문명의 발상지와 관련이 있다. 또한 이스라엘 백성들의 조상으로 불리는 아브라함의 손자 요셉은 이집트에서 파라오(왕) 다음으로 높은 지위에 올랐었다.

창세기 다음의 출애굽기에서는 이집트에서 탈출하는 이야기가 나온다. 요셉 시대에는 대우를 받았던 이스라엘 백성들도 시대가 바뀌면서 노예처럼 혹사당한다. 그리고 하나님의 명령에 따라 그들을 구출한 사람이 모세다. 모세를 따르던 사람들은 시나이반도를 남하해서 시나이산에 다다른다. 게다가 더 북상해서 요단강에 이르기까지 40년에 걸친 여행을 했다.

모세의 뒤를 이은 여호수아는 요단강을 건너서 하나님이 약속한 땅인 가나안(지중해와 사해, 갈릴리호의 경계에 있는 지역)으로 사람들을 이끌었다(여호수아기, 민수기).

다윗, 솔로몬과 같은 지혜로운 왕의 출현으로 예루살렘은 큰 도시가 되고 화려한 성전이 세워졌지만 아시리아와 신바빌로니아에게 침략을 당하고 말았다. 기원전 597년에는 왕족을 시작으로 많은 사람이 바빌로니아로 연행되는 비극이 생기고, 바빌로니아의 포로가 되었다.

▲ 바그다드에서 남쪽으로 약 100km 떨어진 유프라테스강과 가까운 메소포타미아 문명의 유적. 보르시파의 탑의 유적이라는 설이 있다.

기원전 538년경에는 드디어 예루살렘으로 귀

『구약성경』의 이야기 지도

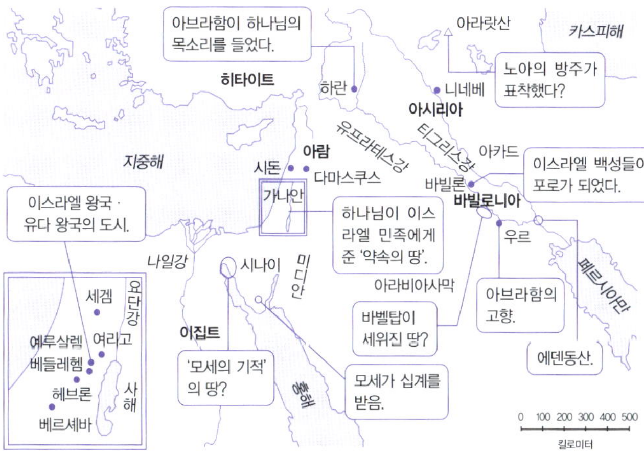

환하지만 이후에도 팔레스타인은 외부의 침략이 끊이질 않았다.

기원전 332년부터는 알렉산드로스왕과 그 후계자의 지배를 받았고, 기원전 63년부터는 로마 제국의 속령이 되었다.

▲ 예루살렘 구도시 남쪽에 펼쳐진 다윗의 도시. 다윗 시대에 건설된 수도의 유적이라고 여겨진다. 지금도 발굴 조사를 계속하고 있다.

(영향) 3개의 종교로부터 숭배된 성전

오늘날에도 유대교에서는 『구약성경』이 가장 기본이 되는 성전이다. 유대교에서는 『구약성경』을 미크라miqra 또는 타나크TaNaK라고 부른다.

미크라는 히브리어로 '낭독되는 것'이라는 의미고, 타나크는 법률·예언자를 나타내는 히브리어(토라, 네비임, 케투임)의 머리글자를 연결한 것([Ta] [Na] [K])이다. 그래서 『구약성경』은 유대교도의 신앙 면에서는 물론이고 생활 면에서도 규범이 되었다.

또한 이슬람교에서도 『구약성경』은 신성한 책으로 인정된다. 그 이유는 『구약성경』에 대한 신앙을 기반으로 이슬람교가 성립했기 때문이다. 그래서 유대교와 이슬람교에는 공통점도 많다. 예를 들면 아담과 하와에서 시작하는 역사관도 대체로 비슷하다. 하지만 이슬람교는 무함마드(마호메트, 570경~632년)가 신에게 받은 경전 『꾸란(코란)』을 마지막 예언으로 생각하기 때문에 그 내용에 반하는 것은 아무리 『구약성경』이라고 해도 부정된다.

기독교도 『구약성경』을 기반으로 성립했다. 그래서 『신약성경』에는 이사야, 시편과 같은 『구약성경』의 문장이 많이 인용되었다. 예수와 제자들도 『구약성경』을 익숙하게 접하며 자랐을 것이다.

예수는 『구약성경』에서 말하는 모든 말씀을 수용한 후에 신과 인간의 새로운 관계를 제시했다. 그리고 그 언행을 기록한 책이 『신약성경』이다.

▲ 통곡의 벽(예루살렘 시내)에서 성경을 손에 올리고 기도하는 유대교도. 통곡의 벽은 솔로몬이 건축한 성전의 유물로 유대교도가 중요하게 생각하는 성지다.

『구약성경』 역사 일람

시대	주요 등장인물 [출전]
신에 의한 천지창조 창세의 시대	아담과 하와 ·················창세기 카인과 아벨 ·················창세기 노아························창세기
족장 시대 BC 1850~	아브라함 야곱 요셉
이집트 탈출 BC 1250~1210	삼손························판관기 나오미와 룻 ·················룻기
통일왕국 시대 BC 1020~933	사무엘왕(재위: BC 1020~1010) ···사무엘 상 다비드왕(재위: BC 1010~970경) ··사무엘 하·역대기 상 솔로몬왕(재위: BC 970~930경) ··열왕기 상·역대기 하
삼국왕 시대 BC 933~	엘리야······················열왕기 상 이사야······················이사야
바빌론 포로 BC 587~538	예레미야····················예레미야·애가 에제키엘····················에제키엘 다니엘 ※문학상의 인물 ·······다니엘
예루살렘 귀환 BC 538~333	하깨························하깨 즈가리야····················즈가리야 에즈라······················에즈라 느헤미야····················느헤미야 BC 4세기부터 서서히 성전의 형태가 만들어진다.
그리스 제국에 의한 지배 BC 333~63	성전의 그리스어 번역 진행.
로마 제국에 의한 지배 BC 63~AD 2세기 중엽	AD 90년경에 얌니아 회의에서 성전이 정해진다.

01 하늘과 땅과 모든 생물을 창조하다

하나님이 6일 동안 만물을 창조하셨다

출전 창세기

『구약성경』은 하나님의 천지창조부터 시작한다. 많은 종교에 우주가 시작된 신화가 있지만 이 정도로 명확하게 신에 의한 창조 과정을 기술한 신화는 없다.

『구약성경』은 "처음에 하나님께서 하늘과 땅을 지어내셨다."로 시작된다. 최초에 만들어진 것은 빛이었다. 하나님이 "빛이 생겨라!" 하고 말씀하시자 빛이 탄생했다. 그리고 낮과 밤이 생겼다.

하나님은 이 창조에 만족하시고 천지창조의 첫째 날이 끝났다.

둘째 날에는 하늘을 만들고, 물을 하늘 아래와 위로 나누셨다.

셋째 날에는 마른 땅을 드러나게 하시고 식물을 창조하셨다.

넷째 날에는 해와 별, 달을 창조하시고 각자 밤과 낮을 다스리게 하셨다. 그래서 하루 동안 해의 이동과 1년 동안 계절의 변화가 생겨났다.

다섯째 날에는 물고기와 새를 창조하셨다.

창세기에는 이렇게 쓰여 있다.

"하나님께서는 이렇게 온갖 들짐승과 집짐승과 땅 위를 기어다니는 길짐승을 만드셨다. 하나님께서 보시니 참 좋았다."

그리고 물과 하늘에서 번성하라고 축복했다.

여섯째 날에는 지상의 생물을 창조하셨다. 하나님은 인간을 축복하시고 "우리 모습을 닮은 사람을 만들자! 그래서 바다의 고기와 공중의 새, 또 집짐승과 모든 들짐승과 땅 위를 기어다니는 모든 길짐승을 다스리게 하자!"라고 말씀하셨다.

하나님은 자신이 만든 것을 보시고 모두 만족하셔서 일곱째 날에는 안식하셨다. 신은 7일째를 안식일로 축복하여 성별聖別•하셨다.

• 사람이나 사물, 장소 등을 신성한 것으로 다른 것과 구별함.

『성 루이 바이블St. Louis Bible』의 삽화, 〈컴퍼스를 한 손에 들고 우주를 창조하는 하나님〉

『성 루이 바이블』은 프랑스 왕을 위해 제작된 도해성서(13세기 성경이 현존)다. 삽화는 성경의 내용을 우의적으로 그린 그림이다.

컴퍼스(디바이더)는 길이를 측정하는 도구다. 하나님을 건축가로 비유해서 세밀한 계획으로 우주가 창조된 것을 나타낸다.

창조 과정의 우주. 둥근 공 속에는 해와 달도 보인다.

하나님의 창조와 제7일의 안식

	창조물	성경의 말
1일째	빛	하나님께서 "빛이 생겨라!" 하시자 빛이 생기고
2일째	물의 분리	하나님께서 "물 한가운데 창공이 생겨 물과 물 사이가 갈라져라!" 하시자 그대로 되었다.
3일째	바다 · 땅 · 식물	하나님께서 "하늘 아래 있는 물이 한곳으로 모여, 마른 땅이 드러나거라!" 하시자 그대로 되었다. 하나님께서 "땅에서 푸른 움이 돋아나거라! 땅 위에 낟알을 내는 풀과 씨 있는 온갖 과일나무가 돋아나거라!" 하시자 그대로 되었다.

4일째	해 · 달 · 별	하나님께서 "하늘 창공에 빛나는 것들이 생겨 밤과 낮을 갈라 놓고 절기와 나날과 해를 나타내는 표가 되어라! 또 하늘 창공에서 땅을 환히 비추어라!" 하시자 그대로 되었다. 하나님께서는 이렇게 만드신 두 큰 빛 가운데서 더 큰 빛은 낮을 다스리게 하시고 작은 빛은 밤을 다스리게 하셨다. 또 별들도 만드셨다. 하나님께서는 이 빛나는 것들을 하늘 창공에 걸어 놓고 땅을 비추게 하셨다.
5일째	바다생물 · 새	하나님께서 "바다에는 고기가 생겨 우글거리고 땅 위 하늘 창공 아래에는 새들이 생겨 날아다녀라!" 하시자 그대로 되었다.
6일째	동물 · 인간	하나님께서는 "우리 모습을 닮은 사람을 만들자! 그래서 바다의 고기와 공중의 새, 또 집짐승과 모든 들짐승과 땅 위를 기어 다니는 모든 길짐승을 다스리게 하자!" 하시고
7일째	없음(안식일)	하나님께서는 엿샛날까지 하시던 일을 다 마치시고, 이렛날에는 모든 일에서 손을 떼고 쉬셨다. 이렇게 하나님께서는 모든 것을 새로 지으시고 이렛날에는 쉬시고 이 날을 거룩한 날로 정하시어 복을 주셨다.

02 아담과 하와와 에덴동산

하와는 아담의 갈빗대로 만드셨다

출전 창세기

창세기 2장은 인류의 창조에 대해서 더욱 자세하게 설명한다. 하나님은 흙으로 사람(아담)의 형상을 만들고, 코에 생기•를 넣어 생명을 주었다. 그리고 동쪽에 창설한 에덴동산으로 아담을 데리고 갔다. 에덴동산 한가운데에는 생명나무와 선악을 알게 하는 선악과나무가 있었고, 게다가 '보기에 아름답고 먹기에 좋은 온갖 나무들'이 있었다.

하나님은 아담에게 그곳에서 경작하며 살아가도록 하며 이렇게 명령했다.

• 생기는 생명 또는 신성한 힘을 상징. 『신약성경』에서도 예수가 제자들에게 생기를 불어넣어 성령이 생긴 장면이 있다.(요한복음 20:22)

"이 동산에 있는 나무 열매는 무엇이든 마음대로 따 먹어라. 하지만 선과 악을 알게 하는 나무 열매만은 따 먹지 말아라. 그것을 따 먹는 날, 너는 반드시 죽는다."

하나님은 아담을 도울 생물이 필요하다고 생각했다. 각종 생물을 만들어 이끌고 왔으나 적당한 생물이 없었다. 그때 하나님은 아담을 깊이 잠들게 하고 그의 갈빗대를 하나 뽑아 그 뼈로 여자를 만들었다. 그것이 하와다.

아담은 하와를 보고 첫눈에 반해 "내 뼈에서 나온 뼈요, 내 살에서 나온 살."이라고 말했다. 이렇게 해서 인류 최초의 부부가 탄생했다. 아담도 하와도 알몸이었으나 부끄러워하지 않았다. 하나님이 만들어준 그대로 무구한 마음이었기 때문이다.

하나님은 아담과 하와에게 이렇게 약속하게 했다.

"보아라, 모든 땅에서 자라고 씨가 있는 초목과 열매가 열리는 나무 전부를 너희에게 주겠노라. 그것이 너희의 식량이 될 것이다. 땅의 짐승과 공중의 새, 땅에 기는 것들 모든 생명이 있는 것에는 풀을 먹게 하리라."

히에로니무스 보스, 〈세속적인 쾌락의 동산〉

알몸으로도 하나님 앞에서 부끄러워하지 않는 아담과 하와.

선악과나무. 사과 또는 석류로 여겨진다.

〈세속적인 쾌락의 동산〉은 유혹이 초래한 위험에 대해 경고한 작품이다.

아담과 하와의 발밑에서 싸우고 있는 동물들. 인간의 타락을 시사한다.

에덴동산은 동쪽에 있다

중세 유럽에서는 에덴동산이 동쪽에 있다는 창세기의 기술을 따라 오른쪽 그림과 같은 세계관이 형성되었다. 중심에 예루살렘이 있고 동쪽에 에덴동산이 있는 아시아가 위치한다. 북·서유럽, 남·서아프리카가 그려져 있다.

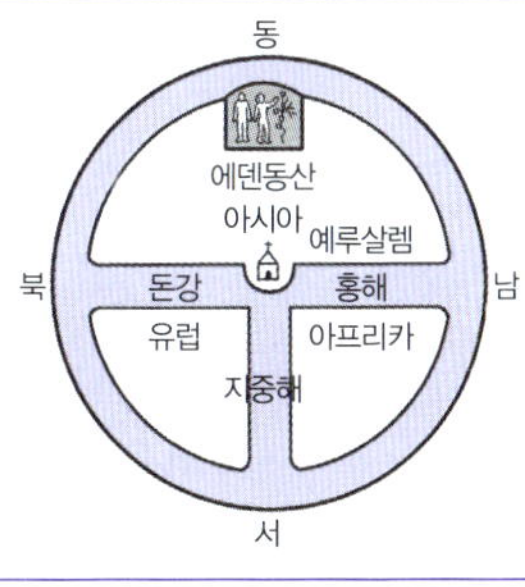

03 뱀의 유혹과 낙원에서의 추방

아담과 하와가 범한 인류 최초·최대의 범죄

출전 창세기

아담과 하와가 에덴동산에서 보낸 행복한 생활은 오래가지 않았다. 하나님이 만든 생물 중에서 가장 간교한 뱀이 하와를 유혹했기 때문이다.

"(선악과나무를 먹어도) 절대로 죽지 않는다. 그 열매를 따 먹기만 하면 너희의 눈이 밝아져서 하나님처럼 선과 악을 알게 될 줄을 하나님이 아시고 그렇게 말하신 것이다."

그 말을 듣자 선악과나무의 열매가 먹음직스럽고 또한 지혜롭게 만들어줄 것처럼 보였다. 그래서 하와는 하나님의 경고를 어기고 나무 열매를 먹고 말았다. 게다가 같이 있던 아담에게도 권해서 먹게 했다.

이윽고 하나님이 에덴동산으로 돌아오자 아담과 하와는 하나님의 얼굴을 피해 나무 사이로 몸을 숨겼다. 선악과나무를 먹어서 알몸인 자신들의 상태를 인식하게 되어 부끄러워졌기 때문이다. 하나님의 경고를 어긴 것에 대한 죄의식도 생겼으리라.

하나님은 노하여 뱀을 저주하고 살아 있는 동안 땅을 배로 기어 다니며 흙을 먹게 하였다. 한편 하와에게도 잉태의 고통을 주었다. 임신과 출산에 고통이 수반하는 이유는 이 때문이라고 한다.

하나님은 아담에게도 "너는 죽도록 고생해야 먹고 살리라. (중략) 이마에 땀을 흘려야 낟알을 얻어 먹으리라."라고 말씀하시며 노동의 고통을 주었고, 아담과 하와 두 사람을 에덴동산에서 쫓아내었다. 이것이 인류 최초의 범죄고 하나님과 사람이 맺은 최초의 계약 위반이었다.

이후 아담과 하와의 자손인 인간은 죄를 지니고 태어난다고 여겨지고, 이것을 원죄•라고 부른다.

• 예수는 모든 사람의 원죄를 짊어지고 십자가에 못 박혀서 하나님과 인간의 화해를 이루었다고 한다.

마사초, 〈낙원에서의 추방〉

에덴동산을 지키는 천사. 손에 검을 들고 있다.

낙원에서 추방되어 비탄에 빠진 아담과 이브. 마사초는 인물의 자연스러운 감정을 잘 표현했다.

마사초의 〈낙원에서의 추방〉은 돌이킬 수 없는 죄를 지어버린 두 사람의 비탄을 극적으로 표현한 작품이다.

원죄란 무엇인가?

원죄

뱀의 꾀임에 넘어가 하와가 선악과나무의 열매를 먹는다. 하와가 권해서 아담도 먹는다.

=

하나님과의 최초 계약 위반

↓

- 노동의 고통
- 잉태의 고통
- 악행의 유행 / 살인 등의 범죄 → 대홍수

➡ **아담과 하와로 인해 깨진 하나님과의 관계 회복이 『구약성경』 전체의 큰 테마다.**

04

카인이 동생 아벨을 살해하다

인류 역사상 최초의 살인 사건은 죄의 엄중함을 전한다

출전 창세기

에덴동산에서 추방당한 아담과 하와 사이에서 카인과 아벨이라는 형제가 태어났다. 자라서 카인은 농사꾼이 되고, 아벨은 양치기가 되었다.

두 사람은 하나님께 제사를 지내기 위해 수확물을 바쳤는데 카인은 수확한 열매, 아벨은 첫 번째 태어난 기름진 양(무리 중에서 가장 처음에 태어난 양)을 제물로 바쳤다.

그런데 하나님은 아벨의 제물만 받고 카인의 제물은 받지 않았다. 분노한 카인이 얼굴을 숙이자 하나님은 왜 얼굴을 숙이는지 물었다.

분명 하나님의 행위는 불합리하다고 생각하지만 인간에게는 이해할 수 없는 깊은 의미가 있기 마련이다. 카인은 자신이 옳나고 생각했다면 얼굴을 들어 하나님을 마주봐야 했다. 그렇게 하지 않으면 스스로 죄를 불러오게 된다고 하나님은 경고한 것이다.

그러나 동생에 대한 질투심에 사로잡힌 카인은 아벨을 들판으로 불러내어 살해한다. 하나님은 바로 그 사실을 직감하고 카인에게 "네 아우 아벨은 어디 있느냐."라고 물었다.

카인은 "제가 아우를 지키는 사람입니까?"라고 잡아떼며 모른다고 했지만 하나님은 모든 것을 알고 있었다.

"네가 어찌 이러한 일을 저질렀느냐?"라고 꾸짖으셨다.

"네 아우의 피가 땅에서 나에게 울부짖고 있다. 땅이 입을 벌려 네 아우의 피를 네 손에서 받았다. 너는 저주를 받은 몸이니 이 땅에서 물러나야 한다."

아담과 하와처럼 카인도 죄를 지은 후에야 죄의 엄중함에 충격을 받았다. 카인은 하나님께 "내 죄벌이 지기가 너무 무거우나이다."라고 탄식했다.

하나님은 카인을 저주하면서도 한편으로 구원의 길도 제시하셨다. 카인이 만나는 모든 사람에게 살해당하지 않도록 표•를 준 것이다.

• 구체적으로 어떤 것인지는 불분명하다. 서구 문화권에서는 우리 인간을 동생 살해의 죄를 짊어진 '카인의 후예'라고 여긴다.

틴토레토, 〈아벨의 살해〉

원화는 명암이 강하고 살인하는 순간을 긴박하게 전한다. 틴토레토는 이러한 대담한 구도를 선호했다.

질투에 사로잡혀 동생 아벨을 두드려 패서 죽이는 카인.

아벨이 하나님에게 제물로 바친 양의 머리.

아담과 하와에게서 태어난 3명의 아이들

아담 ═ 하와

카인
첫째 아들. 에덴동산의 동쪽 놋 지방으로 추방된다.
⋮
추방자와 음악가, 청동이나 철로 도구를 만드는 사람.

아벨
둘째 아들. 최초의 순교자로 여겨진다.

셋
셋째 아들. 하나님이 아벨 대신 주셨다.
⋮
노아
⋮
아담과 하와의 계보가 후세에 남는다.

동생을 살해한 큰 죄를 지은 카인. 하지만 하나님은 카인에게 살아남을 것을 허락하고, 자손도 가지게 했다. 하나님의 뜻에 따른다는 마음을 잃지 않는 한 하나님은 구원의 길을 절대 닫지 않는다.

05

노아의 방주

리셋된 세계에서 하나님과 새로운 계약을 맺다

출전 창세기

이후 아담과 하와 사이에는 셋이라는 아들이 태어나고 그 자손 중에서 노아가 태어났다.

그즈음에는 지상에 많은 인간이 살게 되었다. 사람들은 수많은 악행을 저지르면서 항상 나쁜 일을 생각하는 상태였다. 그 모습을 본 하나님은 인간을 만든 것을 후회했다. 그래서 동물들도 함께 전부 멸하기로 결심했다.

그러나 노아만은 하나님의 뜻에 따랐기 때문에 노아와 그 가족만 살려주기로 했다. 하나님은 노아에게 방주를 만들라고 하고, 만드는 방법까지 가르쳐주셨다.

"내가 내 언약을 세우리니 너는 아들과 아내와 며느리들과 함께 그 방주로 들어가고 혈육 있는 모든 생물을 각기 암수 한 쌍씩 방주로 이끌어 너와 함께 생명을 보존하게 하라."

그리고 하나님은 하늘의 창을 열어 지상에 큰비가 쏟아지게 했다. 비는 40일 동안 계속 내렸고, 지상에는 홍수가 났다. 도시뿐 아니라 모든 산도 물에 잠겼다.

홍수는 150일 동안 지상을 뒤덮었다.

드디어 물이 줄어들기 시작하고 방주는 아라랏산[•]에 닿았다. 노아는 방주에서 풀어준 비둘기가 올리브잎을 입에 물고 돌아온 것을 보고 지상에 물이 줄어든 것을 알았다.

물이 완전히 마른 다음 노아는 제단을 쌓아 하나님에게 제물을 바쳤다. 그 향기를 맡은 하나님은 노아에게 "나는 너희와 계약을 세워 다시는 홍수로 모든 동물을 없애버리지 않을 것이요, 다시는 홍수로 땅을 멸하지 않으리라."라고 말씀하셨다.

하나님은 이 약속의 징표로 구름 속에 무지개를 놓았다.

• 현재 튀르키예 동쪽 끝의 해발 5137m인 산을 아라랏산이라고 부르는데, 성경에서 말하는 아라랏산과 같은 산인지는 불분명하다.

몬레알레 대성당 벽화, 〈노아의 방주(승선)〉

동물들을 방주에 태우는 노아. 창세기에 따르면 이때 노아의 나이는 600살이었다고 한다.

방주. 반달형 모양의 선체 위에 오두막을 얹은 것 같은 형태로 그려져 있다.

노아의 가족. 하나님은 노아와 그 가족에게 새로운 계약을 맺게 하고, 이 가족에서 인류는 재출발했다.

방주란?

물에 떠 있는 것이 목적으로, 돛과 노가 없고 자력으로 항해하지 못한다. 성경에서는 길이 약 132m, 폭 약 22m, 높이 약 13m라고 기록되어 있다.

◀ 미국의 켄터키주 윌리엄스타운에 있는 실물 크기로 재현한 방주.

06 바벨탑을 건설하다

세계에 다양한 언어가 있는 이유

(출전) 창세기

방주에서 내린 노아는 농부가 되었다. 노아의 세 아들•은 각자 결혼을 해서 그 자손들이 각지에서 씨족을 낳았다.

그리고 세계에는 다시 많은 사람이 살게 되었다. 그즈음 세계 사람들은 같은 언어를 사용했다. 사람들은 도시를 만들기 시작했다. 그 도시에는 돌 대신에 벽돌을 사용했고, 회반죽 대신 역청을 써서 견고한 건물을 만들었다.

"자, 도시를 세우고, 탑을 쌓고서, 탑 꼭대기가 하늘에 닿게 하여, 우리의 이름을 날리고, 온 땅 위에 흩어지지 않게 하자."

• 첫째 아들 셈(셈계 민족의 조상이고, 아브라함의 선조), 둘째 아들 함(북아메리카 민족의 조상), 셋째 아들 야벳(유럽과 인도 민족의 조상)을 말한다.

사람들은 이렇게 말하며 거대한 탑을 건설하기 시작했다. 그 모습을 하늘에서 보고 계시던 하나님은 이렇게 생각하셨다.

"사람들이 한 종족이라 말이 같아서 안 되겠구나. 이것은 사람들이 하려는 일의 시작에 지나지 않겠지. 앞으로 하려고만 하면 못할 일이 없겠구나. 당장 땅에 내려가서 사람들이 쓰는 말을 뒤섞어 놓아 서로 알아듣지 못하게 해야겠다."

말이 통하지 않게 되자 사람들은 탑이 있는 도시를 계속 건설하지 못하게 되었다. 그러한 이유로 이 도시는 바벨이라고 불리게 되었다. 하나님이 사람의 말을 뒤섞어 혼란(바벨은 히브리어로 '혼돈')하게 만들고 사람들을 전 세계로 흩어지게 했기 때문이다.

하나님에게 도전하는 어리석은 행동을 했기 때문에 그 벌을 받게 된 것이다. 하나님의 경고를 어겨서 에덴동산에서 추방된 과거의 교훈을 인간들은 잊었다.

피터르 브뤼헐 더 아우더, 〈바벨탑〉

원화는 114cm×155cm로 크기는 작지만 매우 정밀하게 묘사되었고 사실적으로 표현되었다.

건설이 진행되는 바벨탑. 『구약성경』 시대에는 없던 크레인이 그려져 있다. 역사화면서 동시에 문명을 비판하는 그림이기도 하다.

바벨탑은 고대 바빌로니아의 지구라트일까?

바벨탑 이야기는 고대 바빌로니아(티그리스강과 유프라테스강 유역) 제국의 번영을 모델로 해서 만들어졌고, 그 지역의 지구라트라는 피라미드 식의 성전을 모티브로 하였다는 설이 있다. 창세기 이후 『구약성경』에서는 바빌로니아의 수도 바빌론을 하나님의 계시에 따르지 않아 찰나의 번영에 취해 타락한 도시로 묘사하며, 반복해서 비판한다.

◀ 재현된 우르(이라크)의 지구라트. 기원전 2100년경에 창건. 높이는 약 50m였다. 우르는 아브라함의 고향으로 여겨진다.

07 도시를 구하려고 한 아브라함

악덕이 횡행하는 소돔과 고모라에 내려진 하나님의 심판

출전 창세기

노아의 아들 셈의 자손 중에서 아브라함이 태어났다. 아브라함은 원래 아브람이라는 이름을 지녔으나 하나님의 계시에 따라 개명했다. 두터운 신앙심을 가진 아브람이 '많은 무리의 아버지'로 하나님의 소명•을 받았기 때문이다.

아브라함은 당시 조카인 롯과 함께였으나 재산이 늘어나자 서로 다른 땅에서 살기로 했다. 아브라함은 가나안(팔레스타인의 옛 명칭) 땅에서, 롯은 요단강 유역의 평야에서 살기로 했다.

이 평야에는 소돔과 고모라라는 매우 번영한 도시가 있었는데 악행이 횡행했다. 그 악명은 하나님에게도 전해졌다. 하나님은 그

• 하나님이 사람에게 특별히 내리는 사명을 소명이라고 한다.

실태를 확인해보고 사실이라면 도시를 멸망시키려는 생각으로 천사를 보냈다.

천사가 소돔으로 향하는 것을 알게 된 아브라함은 천사를 환대하며 소돔으로 옮겨 살고 있는 롯을 위해 중재했다. 그리고 도시에 단 10명이라도 의인이 있다면 도시를 멸망시키지 않겠다는 약속을 받았다.

그러나 소돔에서 찾은 의인은 롯의 가족뿐이었다. 한술 더 떠서 도시 사람들은 롯의 집에 머무는 천사를 내놓으라고 협박했다.

천사는 롯에게 소돔과 고모라를 멸망시킬 테니 아내와 두 딸을 데리고 도망치라고 말했다. 롯이 도망가기를 기다린 하나님은 소돔과 고모라에 유황불을 내려서 멸망시켰다. 롯의 아내는 금기를 어기고 뒤를 돌아보았기 때문에 소금기둥이 되어버렸다. 하나님은 자신의 뜻을 거부하는 사람에게는 가차 없기 때문이다.

벤저민 웨스트, 〈소돔에서 도망치는 롯〉

아브라함의 중재

아브라함

천사

아브라함: 저 도시에 의인이 50명 있다고 해도 멸망시켜서 도시를 용서할 수 없는 건지요?

천사: 만약 소돔에 의인이 50명이 있다면 그 사람들을 위해서 도시 전체를 용서하겠다.

아브라함: 50명의 의인 중에 5명이 부족할지도

천사: 45명이 있다면 멸망시키지 않겠다.

아브라함: 만약 40명밖에 없을지도

천사: 그 40명을 위해서 그리하지 않겠다.

⬇ 생략

아브라함: 10명밖에 없을지도 모릅니다.

천사: 그 10명을 위해서 멸망시키지 않겠다.

인간이 이 정도로 신(천사)에게 매달리는 장면은 처음이자 마지막이다.
진심으로 하나님과 마주한 아브라함이기 때문에 가능한 일이었다.

08

아들을 바친 아브라함

제물의 중요성을 전하는 강렬한 에피소드

출전 창세기

하나님은 아브라함에게 이렇게 말했다.

"네 고향과 친척과 아비의 집을 떠나 내가 장차 보여줄 땅으로 가거라. 나는 너를 큰 민족이 되게 하리라. 너에게 복을 주어 네 이름을 떨치게 하리라. 네 이름은 남에게 복을 끼쳐주는 이름이 될 것이다."

하나님은 아브라함이 소명을 받든 후 반복해서 '많은 무리의 아버지'가 되라고 말씀하셨다.

그러나 아브라함은 소명을 받았을 때 이미 75세였다. 아름다운 아내(사라)는 있었지만 자식이 없었다.

아브라함은 하나님의 명령에 따라 여행을 계속했으나 사라와의 사이에서는 아이가 생기지 않았고 두 사람은 점차 나이를 먹어갔다.

소돔과 고모라를 멸망시키기 위해 천사가 아브라함 앞에 나타났을 때 아브라함은 99세를 넘은 나이였다. 그래서 천사가 "내년에 사라가 남자아이를 낳을 것이다."라고 말했을 때 사라는 웃음을 참지 못했다.

그러나 천사는 "주님에게 불가능한 일이 있겠느냐." 하며 사라를 꾸짖었다. 그리고 그 말대로 사라는 남자아이를 낳았고 그 아이에게 이삭이라는 이름을 지어주었다.

아브라함은 이삭을 소중하게 키웠는데 어느 날 하나님은 이삭을 번제•의 제물로 바치라고 명했다. 아브라함은 하나님이 명한 장소로 이삭을 데리고 가서 제단을 쌓은 후 장작 위에 이삭을 눕혔다. 그리고 칼로 이삭을 치려는 순간 천사가 나타나 아브라함을 멈추게 했다.

하나님은 자신의 하나뿐인 아들까지 바치기를 아까워하지 않을 정도로 견고한 아브라함의 신앙심을 확인한 것이다.

• 양과 염소 등을 재가 될 때까지 불에 태워서 신에게 바치는 제사를 말한다.

렘브란트 반 레인, 〈이삭의 희생〉

이삭을 빛으로 감싸서 하나님의 은총을 재현한 것은 빛과 어둠의 표현에 뛰어난 렘브란트의 명성에 걸맞은 방법이다.

09

야곱이 꿈에서 본 사다리

하나님과 격투를 벌인 이스라엘 조상

출전 창세기

아브라함의 아들 이삭에게는 야곱과 에서라는 쌍둥이가 있었다. 먼저 태어난 에서는 장자로 대우받았고, 이삭도 뛰어난 사냥꾼으로 성장한 에서를 사랑했다.

그런데 동생 야곱은 에서에게 음식을 주고 대신 에서의 장자권을 얻음으로써 아버지 이삭이 에서에게 내릴 축복•을 빼앗았다.

분노한 이삭이 야곱을 죽이려고 하자 야곱은 외삼촌의 땅에서 머물게 되었다. 그 사이에 야곱은 하늘까지 닿은 사다리를 천사(신의 심부름꾼)가 오르락내리락하는 이상한 꿈을 꿨다.

• 하나님의 은총을 받는 일. 여기서는 이삭이 아브라함에게 상속받은 장자권의 계승을 의미한다. 이러한 축복은 실수가 있더라도 변경할 수 없었다.

외삼촌 집에 도착한 야곱은 외삼촌의 두 딸을 아내로 맞이하고 그 보답으로 열심히 일했다. 그리고 외삼촌의 가축을 늘리면서 재산도 불렸고 12명의 아이들까지 얻었다. 이 12명의 아이들이 이스라엘 12부족(지파)의 선조가 되었다.

외삼촌은 재산을 늘리는 능력이 뛰어난 야곱을 가까운 곳에 두려고 했으나 야곱은 고향으로 돌아갈 결심을 하고, 외삼촌에게서 도망쳐 가족과 가축을 이끌고 여행에 나섰다.

야영을 할 때 낯선 사람이 야곱에게 싸움을 걸어왔다. 싸움은 밤늦게까지 계속되면서 끝이 날 기미가 없었다. 그러던 중 싸움 상대가 야곱의 허벅지 관절을 쳐서 관절을 어긋나게 했다.

사실 그 사람은 하나님이었고 야곱의 분투를 칭찬하며 "이제부터는 이스라엘(신과 싸운 자)이라고 부를 것이다."라고 말했다.

고향으로 돌아온 야곱은 에서와 화해하고 드디어 아버지 이삭과도 재회했다.

니콜라 디프르, 〈야곱의 꿈〉

구름 사이에 있는 신의 모습.

구름 사이에서 비추는 빛줄기. 천사가 오르락내리락하는 사다리는 신의 세계와 인간의 세계를 연결하는 성모 마리아를 상징.

돌을 베고 잠든 야곱. 근경은 현실 세계를, 배경의 사다리는 야곱의 꿈의 세계를 그린다.

디프르의 〈야곱의 꿈〉은 단정한 이미지와 환상적인 소재로 초현실주의를 떠올리게 한다.

여러 그림의 소재로 선택된 야곱의 일생

1 장자권을 가로챈 야곱	**2 신과 격투하는 야곱**
늠름한 에서와 야곱이 음식을 사이에 두고 마주한 모습. 스톰 마티아스 〈야곱과 에서〉 등.	야곱 이후 그들 민족이 이스라엘로 불리게 됨. 렘브란트의 〈천사와 씨름하는 야곱〉 등.
3 야곱의 꿈(야곱의 사다리)	**4 요셉의 아들들을 축복하는 야곱**
위의 작품. 샤갈, 블레이크 등도 그렸다.	렘브란트 〈요셉의 아들들을 축복하는 야곱〉 등.

10 야곱이 사랑한 아들, 요셉

밑바닥까지 떨어진 남자가 가진 꿈 해몽 능력

출전 창세기

야곱에게는 12명의 아들이 있었는데, 그중에서도 요셉을 특히 아끼고 사랑했다. 그래서 다른 형제의 질투가 심했다. 게다가 요셉은 형들이 자신에게 엎드리는 모습을 본 꿈을 꾸었다고 이야기를 했다. 그러자 형들에게 더욱 미움을 받게 되었다.

화가 난 형들은 요셉을 구덩이에 집어 넣어버렸다. 때마침 상인들이 지나가다가 요셉을 끌어올려 이집트로 가는 상인들에게 팔아넘겼다.

이집트로 끌려간 요셉은 파라오를 모시는 근위대장 보디발의 노예로 팔리지만 하나님의 은총으로 집의 관리를 맡게 된다. 한편 보디발의 아내는 요셉의 외모가 마음에 들어 남편이 집을 비운 사이에 유혹하려고 했다. 하지만 요셉에게 거절을 당하고, 남편에게는 오히려 요셉이 자신을 덮쳤다고 호소한다.

요셉은 감옥에 갇히지만 그곳에서 꿈 해몽 능력•이 발현되고, 그 능력이 파라오에게 전해지면서 파라오는 아무도 해석하지 못한 자신의 꿈을 판단하게 한다.

요셉은 그 꿈을 7년 풍작 후에 7년 기근이 올 것을 암시한다고 말하며 파라오에게 곡물을 비축하도록 권했다. 요셉의 지혜에 감명받은 파라오는 자신 다음으로 높은 지위를 주었다.

그리고 요셉이 읽어낸 대로 기근이 일어나자, 다른 지역에서 곡물을 구하러 많은 사람이 이집트를 방문했다. 그중에는 요셉의 형제도 있었다. 요셉은 형제를 용서하며 환대했고, 아버지 야곱도 이집트로 모셔오도록 했다.

• 꿈은 하나님이 계시를 주는 방법 중 하나인데, 그것을 읽어내는 능력은 하나님에게 선택받은 자만 가질 수 있다고 믿었다(24장 참조).

렘브란트 반 레인, 〈요셉과 보디발의 아내〉

무죄를 호소하는 요셉.

요셉이 자신을 덮치려고 했다고 남편에게 호소하는 보디발의 아내. 침대 위에 놓인 옷이 그 증거라고 말한다.

보디발. 고대 이집트인처럼 보이지만 17세기경의 역사화는 시대 고증을 중시하지 않았다.

요셉이 읽어낸 파라오의 꿈이란?

❖ 파라오의 꿈

살진 7마리 암소가 강둑에서 풀을 뜯어먹기 시작했다. 그후 야윈 암소 7마리가 살진 7마리 암소를 먹었다.

요셉의 해몽

7년 풍작 후 7년 기근이 이어진다. 기근에 대비해서 풍작 7년 동안 곡물을 비축해야 한다.

11 백성들을 구한 모세

홍해의 기적과 황야에 내린 만나

출전 출애굽기

요셉을 따라 이집트로 이주해서 살며 이스라엘 백성들은 기근에서 살아남았지만 파라오는 세력을 키워가는 그들을 점차 멀리하게 되었다.

파라오는 이스라엘 백성들을 강제 노동으로 괴롭히면서 그들의 수가 더 늘어나지 않도록 남자아이가 태어나면 살해하도록 명령했다. 하지만 도저히 살해할 수 없던 사람도 있었다. 한 여자가 남자아이를 바구니에 넣어 나일강 근처에 두었는데, 우연히 파라오의 딸이 그 바구니를 보게 되고 남자아이를 왕궁에서 길렀다. 그 아이가 모세다.

장성한 모세는 이스라엘 백성들을 핍박하는 이집트인을 살해하고, 홍해의 동쪽 지역까지 도망쳐서 그 땅에서 아내를 맞이한다.

이집트에서 고통스러워하는 이스라엘 백성들의 목소리를 들은 하나님은 그들의 지도자가 될 모세에게 백성들을 이집트에서 탈출시키라는 명을 내린다. 모세는 형 아론과 함께 파라오와 교섭을 했다. 하지만 파라오는 이집트 출국을 허가하지 않는다. 이에 하나님은 역병과 첫 번째로 태어난 생명을 죽이는 등 열 가지 저주로 이집트인을 고통에 빠뜨렸다.

완강했던 파라오도 결국 항복하여 이스라엘 백성들의 탈출을 허락했으나 금방 다시 마음이 변해서 뒤를 쫓았다. 하나님은 낮에는 구름기둥, 밤에는 불기둥을 가지고 백성들(장년 남성만 대략 60만 명)을 이끌었으나 홍해를 앞두고 궁지에 몰렸다.

그때 모세는 하나님의 능력으로 바다를 양쪽으로 갈라서 백성들을 무사히 건너게 했다. 뒤쫓아온 이집트 군대는 파도에 휩쓸려 버렸다.

일행의 고난은 계속 이어졌다. 그들은 물과 식량 부족으로 고민하며 불평을 늘어놓았다. 하나님은 쓴 물을 달게 바꾸고, 만나•라는 신비로운 음식을 내려 그들을 살아남게 했다.

• 하나님이 하늘에서 내려준 식량. 출애굽기에 따르면 흰 빵처럼 생겼고 달콤했다고 한다.

세실 B. 드밀 감독의 영화, 〈십계〉

모세가 떠난 이집트 탈출 경로

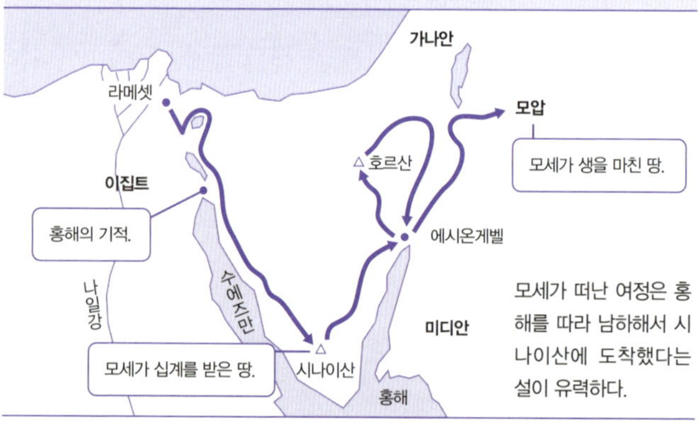

모세가 떠난 여정은 홍해를 따라 남하해서 시나이산에 도착했다는 설이 유력하다.

5
4

12 십계명을 받은 모세

40년이나 걸린 황야의 방황

출전 출애굽기, 민수기, 신명기

모세와 이스라엘 백성들은 이집트를 떠나 3개월을 여행한 끝에 시나이산 기슭에 도착했다. 이곳에서 모세는 혼자 산에 올라가 하나님을 만났다.

하나님은 모세에게 십계명(신자들이 지켜야 할 10개의 계율)을 전하고 제사와 재산에 관한 규정도 주었다. 그리고 하나님은 십계명을 2개의 돌판에 기록해서 모세에게 건넸다.

그런데 모세가 40일 동안 산속에 틀어박혀 나오지 않자 이스라엘 백성들은 모세가 다시 돌아오지 않을 것으로 생각해서 모세의 형인 아론에게 새로운 신을 만들어 달라고 요청했다. 그때 아론은 그들의 금귀걸이를 모아서 금송아지상을 만들었다. 백성들은 기뻐하며 그 신을 숭상하고 그 앞에서 잔치를 열었다.

산에서 내려와 이 광경을 본 모세는 격노해서 하나님에게 받은 십계명 돌판을 깨트려버렸다. 송아지상도 부수었다. 그리고 우상 숭배를 한 3000명 남짓의 사람들을 죽였다.

모세는 다시 40일 동안 산속으로 들어가 다시 하나님과 약속을 맺고 십계명 돌판을 받았다.

모세 일행은 여행을 계속 이어갔다. 그 고통 때문에 백성들은 자주 불평했고, 결국 하나님을 노하게 했다. 하나님은 그들의 불신을 질책하며 '젖과 꿀이 흐르는•' 가나안 땅에 도착할 때까지 40년 동안 황야를 방황하게 만들었다. 또한 모세에게도 약속의 땅을 목전에 두고 죽을 운명을 부여했다.

그러나 신명기에서는 "이스라엘에는 모세와 같은 예언자가 두 번 다시는 나타나지 않았다."라는 최고의 표현으로 모세를 칭송하고 있다.

• 땅이 비옥함을 나타내는 『구약성경』의 관용적 표현. 『구약성경』 전체에 걸쳐 스무 번 정도 사용된다.

렘브란트 반 레인, 〈모세와 십계명〉

돌판을 들어 올리는 모세. 돌판을 깨트리는 장면은 코시모 로셀리와 도메니코 베카푸미 등도 그렸다. 분노한 모세의 긴박감을 가장 잘 표현한 것이 바로 이 렘브란트의 작품이다.

십계명이란?

1 너는 나 외에 다른 신들을 네게 두지 말라.	2 너를 위하여 새긴 우상을 만들지 말고, 그것들을 섬기지 말라.
3 너는 네 하나님의 이름을 망령되게 부르지 말라.	4 안식일을 기억하여 거룩하게 지켜라.(유일신 신앙)
5 네 부모를 공경하라.	6 살인하지 말라.
7 간음하지 말라.	8 도둑질하지 말라.(일반적인 윤리 규정)
9 네 이웃에 대하여 거짓 증거하지 말라.	10 네 이웃의 집을 탐내지 말라.(민사에 관한 규정)

➡ 십계명은 하나님과 인간의 계약으로, 인간이 준수해야 할 사항이다.

13 여호수아와 약속의 땅 가나안

언약계가 일으킨 기적

(출전) 여호수와기

모세의 계승자는 여호수아였다. 여호수아는 모세의 심복으로 모세가 시나이산에 올라갈 때도 도중까지 함께 오르며 시중을 들었다.

새로운 지도자가 된 여호수아의 사명은 약속의 땅 가나안•으로 이스라엘 백성들을 이끄는 것이었다. 하지만 그 과정에는 극복해야 할 난관들이 있었다.

그중 하나가 요단강을 건너는 일이었다. 십계명이 새겨진 돌판을 보관한 언약계를 앞세우고 나아가자 강물이 벽처럼 양쪽으로

• 하나님은 모세를 소명했을 때 이스라엘인을 가나안인과 헷인 등 소수 민족이 사는 광활한 멋진 땅으로 이끈다고 약속했다.

세워져서 백성들은 마른 강바닥을 걸어서 건널 수 있었다.

더 큰 난관은 가나안 땅을 점거한 여리고(예리코)와 아이 등의 도시 국가였다. 그러한 도시들은 두꺼운 성벽으로 둘러싸여 있어서 공격하기 쉽지 않았다.

그러나 성벽을 부수지 못하면 이스라엘 백성들이 정착할 수 없었다. 이 난관에도 하나님이 지혜를 내려주셨다. 그것은 언약궤와 함께 성벽 주변을 7일 동안 도는 것이다. 사제의 피리 소리에 따라 언약궤를 짊어진 병사들과 사제들은 여리고 성벽 주변을 매일 아침 한 번씩 돌았다. 그리고 7일째에는 일곱 번 돌고, 다 돌았을 때 모두 크게 소리를 질렀다. 그러자 성벽이 무너졌고 여리고를 쉽게 점령할 수 있었다.

다른 도시 국가 아이도 계략으로 멸망시킨 다음 여호수아는 차실하게 가나안 땅을 평정했다. 그리고 제비뽑기로 그 땅을 이스라엘 12부족에게 분배했다.

한편 『신약성경』의 마태복음에는 여리고를 함락하는 데 큰 공을 세운 기생 라합은 룻(15장 참조)의 남편인 보아즈의 어머니고, 다윗과 요셉(예수의 양부)의 선조라고 한다.

장 푸케, 〈여호수아의 여리고성 함락〉

여호수아가 이끈 이스라엘 백성들의 가나안 침입 경로

가나안은 예로부터 상업이 번성해 발전했고, 도시 주변은 성벽으로 둘러싸여 있었다. 이스라엘 백성들은 도시를 공략하거나 협정을 맺으면서 세력을 넓혀갔다.

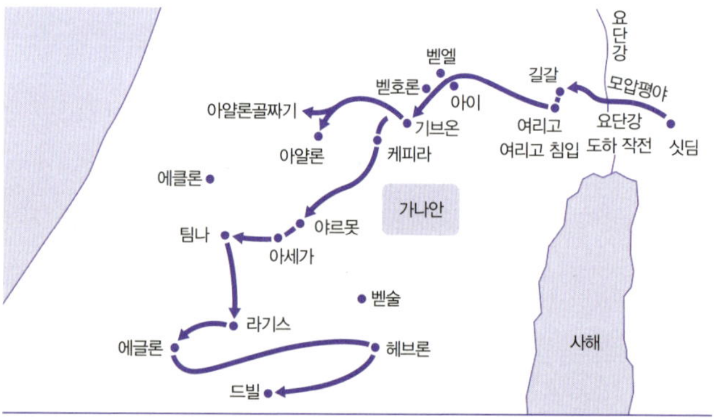

60

14

삼손과 들릴라

미녀에게 배신당한 괴력의 판관

출전 판관기

여호수아가 죽은 뒤 이스라엘에서는 판관의 시대가 시작된다. 판관이란 이스라엘 백성들을 이끌고 지킨 지도자를 말하는데, 이민족에게서 백성들을 지킨 영웅, 정치에서 역량을 발휘한 정치인으로 두 가지 유형이 있었다. 여기에서 등장하는 이번 이야기의 주인공 삼손은 영웅 유형에 속하는 판관이자, 판관기에 등장하는 마지막 판관이다.

삼손의 어머니는 오랫동안 아이가 생기지 않아서 고민하고 있었다. 어느 날 그녀 앞에 하나님의 심부름꾼인 천사가 나타나 이렇게 말했다.

"네가 임신하여 아들을 낳거든 그 머리에 면도칼을 대지 말라. 그 아이는 모태에서부터 이미 하나님께 바쳐진 나지르인이 될 것이다. 그 아이가 비로소 이스라엘을 블레셋인• 들 손에서 구원해내기 시작할 것이다."

이렇게 태어난 삼손은 맨손으로 사자를 잡을 정도의 괴력을 발휘했다. 처음 삼손은 부모에게도 그 힘을 감추고 있었다.

당시 가나안은 블레셋인이 다스리고 있었고, 이스라엘 백성들도 그 지배를 받고 있었다. 삼손은 괴력으로 블레셋인들을 때려눕히고 밭에 불을 질렀다. 동포를 돕기 위해 일부러 잡힌 적도 있었는데, 묶인 밧줄을 끊고 1000명의 블레셋인을 당나귀 턱뼈로 때려죽였다.

이러한 활약으로 삼손은 판관이 되었고 이스라엘 백성들을 20년 동안 지켰다.

그러나 들릴라라는 블레셋 여자에게 머리카락을 밀리면 힘이 사라지는 자신의 약점을 말해버린다. 그는 블레셋인에게 붙잡혀 눈이 빠지고 감옥에 갇힌다.

블레셋인들은 삼손을 그들의 신에게 제물로 바치려고 했다. 하지만 삼손은 괴력을 되찾았고 성전을 부수었다. 이때 블레셋인과 함께 삼손도 부서진 성전 밑에 깔려버렸다.

• 그리스 근처에서 이주한 민족. 서양에서는 편협한 사람을 야유할 때 이 말을 사용하기도 한다. 또한 팔레스타인은 '블레셋인의 땅'에서 유래한 지명이다.

귀스타브 도레의 판화 성서, 〈삼손의 죽음〉

정밀한 소묘에 뛰어났던 도레는 현실감 넘치는 분위기로 그려냈다.

판관기에 기록된 12명의 판관

등장 순서	이름	업적
1	오드니엘	아람 왕 구산의 지배에서 이스라엘을 구원했다.
2	에훗	모압 왕 에글로의 지배에서 이스라엘을 구원했다.
3	삼갈	목자의 지팡이로 블레셋인 600명을 죽였다.
4	드보라	유일한 여성 판관 예언자. 가나안 왕 야빈의 지배에서 이스라엘을 구원했다.
5	기드온	미디안 족속에게 점령된 이스라엘을 해방시켰다.
6	돌라	23년 동안 판관으로 이스라엘 백성들을 이끌었다.
7	야이르	22년 동안 판관으로 이스라엘 백성들을 이끌었다.
8	입다	암몬 자손과 에브라임을 무찌르고 이스라엘을 구원했다.
9	입산	7년 동안 판관으로 이스라엘 백성들을 이끌었다.
10	엘론	10년 동안 판관으로 이스라엘 백성들을 이끌었다.
11	압돈	8년 동안 판관으로 이스라엘 백성들을 이끌었다.
12	삼손	(14장 참조)

15

나오미와 룻의 이야기

<이삭줍기>에 숨겨진 며느리 사랑

출전 룻기

밀밭에서 이삭을 줍고 있는 3명의 농촌 여인을 그린 〈이삭줍기〉(1857년)는 밀레의 최고 걸작 중 하나로 여겨진다.

〈이삭줍기〉는 그냥 풍속화가 아닌 룻기를 주제로 한 작품이다. 판관이 세상을 다스리던 시대에 베들레헴에는 엘리멜렉과 나오미라는 부부가 있었다. 그들은 기근에서 벗어나기 위해서 모압 지방• 으로 이주해 살면서 2명의 아들을 얻었다.

엘리멜렉이 죽은 후 2명의 아들은 각자 오르바요와 룻이라는 아내를 얻었는데, 아들들도 아이를 낳기 전에 세상을 떠났다. 타지

• 고대 이스라엘의 동쪽(사해 동쪽 지방)에 있던 지역(나라). 판관 시대에는 이스라엘과 자주 분쟁이 있었다.

에서 가족을 잃어버린 나오미는 베들레헴으로 돌아가기로 했다. 당시 아이를 낳지 못한 채 죽은 남자의 아내는 그 남자의 형제와 결혼해서 자식을 낳아, 죽은 남자의 가계를 잇는 풍속이 있었다. 그래서 2명의 며느리도 베들레헴으로 동행하겠다고 말했다.

그러나 나오미는 며느리들에게 그러한 생각은 하지 않아도 된다고 말하며, 각자의 고향으로 돌아가도록 타일렀다. 오르바요는 울면서 자신의 고향으로 돌아갔지만 나오미를 걱정한 룻은 베들레헴으로 함께 가기로 했다.

룻은 아침부터 밤까지 밀밭에서 이삭을 주워 나오미와 생계를 이어 나갔다. 그 헌신적인 모습은 엘리멜렉의 유복한 친척 보아스의 눈에 들었다. 보아스는 고결한 마음씨를 지닌 룻의 매력에 끌려 룻을 아내로 맞기로 했다.

룻과 보아스의 사이에 남자아이가 태어나면서 엘리멜렉의 혈통이 이어질 수 있었다. 그리고 그 자손 중에 이스라엘 왕이 되는 다윗이 태어났고, 게다가 예수의 아버지인 요셉도 태어났다.

장 프랑수아 밀레, 〈이삭줍기〉

언뜻 풍속화처럼 보이지만 룻기의 테마가 숨어 있는 종교화. 근면하게 일하면 이교도 출신이어도 하나님의 은총을 받을 수 있다는 점을 시사한다. 밀레는 노동의 엄숙함을 그리면서도 밝으면서 웅장하고 아름다운 농장에서 생긴 일을 묘사했다.

빈곤한 사람이 줍도록 남겨놓은 이삭.

룻기의 주요 인물과 계보

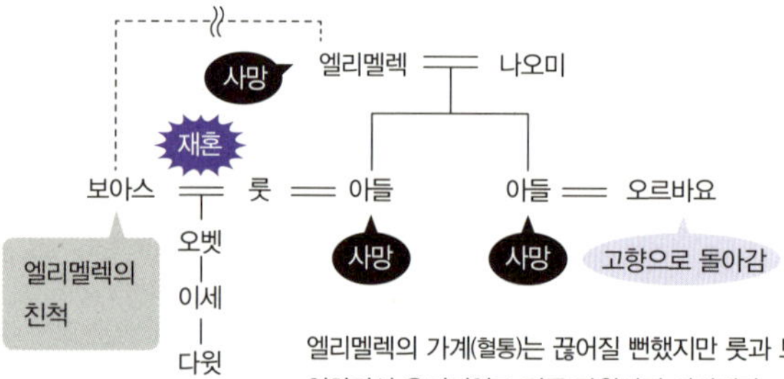

엘리멜렉의 가계(혈통)는 끊어질 뻔했지만 룻과 보아스가 혼인하면서 유지되었고 결국 다윗까지 이어졌다.

16 사무엘과 사울

이스라엘을 왕국으로 이끈 두 사람

(출전) 사무엘 상·하

사무엘과 사울은 이스라엘이 판관 시대부터 왕국으로 변모하는 변화의 중심에 있던 인물이다. 각각 이스라엘을 위해서 지력을 발휘해 싸웠지만 시대에 이용당한 삶을 살기도 했다.

사무엘은 어려서부터 사제에게 맡겨져 하나님의 목소리를 듣는 예언자가 되었다. 뛰어난 능력으로 백성들을 이끌었고 마지막 판관이 되었다.

당시 이스라엘은 페르시아의 공격을 자주 받아 언약궤를 빼앗기기도 했지만 사무엘이 판관이 되자 이스라엘 군대는 하나님의 가호로 페르시아 군대를 영토에서 몰아낼 수 있었다.

그러나 사무엘이 늙어가자 이스라엘 백성들은 왕을 바라게 되었다. 사무엘은 왕이 생기면 노예가 될 뿐이라고 반대했지만 왕을 바라는 목소리는 점점 커졌다. 하나님이 이스라엘 백성들에게도 왕을 세우라는 말씀도 내렸기 때문에 사무엘은 젊고 아름다운 사울을 왕으로 삼았다.

사울은 기대받던 대로 암몬인과 블레셋인의 군대를 무찔렀다. 그런데 거듭되는 승리로 사울은 점차 오만해졌다. 그 결과, 하나님의 은총을 잃고 사무엘의 신뢰도 잃게 되었다.

하나님은 다음 왕이 될 사람으로 다윗을 선택했다. 사울은 용감하면서 인기가 많은 다윗을 질투한 나머지 살해하려고 했지만 결국 실패하고, 싸움 실력도 예전 같지 않아서 신접한 여인[•]을 찾아가 사무엘의 영혼을 불러 달라고 부탁했다. 사울 앞에 나타난 사무엘의 영혼은 사울과 그 아들의 전사를 예언한다.

• 죽은 사람의 영혼을 불러내는 신접한 여인은 당시 이미 미신적 행위를 한다고 여겨졌다. 이사야에도 그와 같은 말을 믿어서는 안 된다고 적혀 있다.

살바토르 로사, 〈사울에게 나타난 사무엘의 영혼〉

사무엘의 영혼을 불러낸 신접한 여인.

영계에서 나타난 사무엘의 영혼.

사무엘의 영혼 앞에 엎드린 사울.

로사는 유령이나 악마가 등장하는 기괴한 그림으로 유명하다. 이 작품에서도 공포스러운 광경 속에서 아름다움을 그려내고 있다.

이스라엘 왕국 건설에 평생을 바친 예언자 사무엘

사사 시대

기원전 1070년경?

라마에서 탄생.

↓

젖을 떼자마자 실로의 신전 사제 엘리에게 맡겨져 자람.

↓

소명을 받아 이스라엘의 마지막 사제로 각 지방을 순회. 블레셋인의 공격으로부터 백성들을 지킴.

왕제 시대

기원전 1020년경?

하나님의 허락을 받아 왕국 건설. 사울에게 기름을 부어 초대 국왕으로 옹립함.

↓

하나님을 순종하지 않는 사울과 결별.

↓

하나님의 지시에 따라 사울을 대신할 왕의 후보를 찾음.

↓

다윗에게 기름을 부어 다음 국왕으로 인정함.

↓

사후 라마에 매장됨.

17 골리앗을 무찌른 다윗

영웅 왕의 명암이 뚜렷한 왕국 통일 이야기

출전 사무엘 상·하

다윗은 베들레헴의 목동으로 장로 에사이의 막내아들이었다. 예언자 사무엘에 이어 두 번째로 기름 부어진• 때는 아직 소년으로 이름 없는 존재였다.

다윗을 유명하게 만든 사건은 블레셋의 거인 병사 골리앗과의 싸움이었다. 이스라엘 군대와 블레셋 군대가 대치하고 있을 때 골리앗이 싸움을 청했다.

이스라엘 병사들이 두려워하며 아무도 대응하지 않자 다윗이 앞으로 나섰다. 골리앗은 다윗이 소년이라고 우습게 봤지만 다윗

• 기름을 붓는 행위는 하나님의 축복을 상징하는 의식으로 사제나 왕, 예언자가 될 때 행했다.

은 돌을 던져서 골리앗을 넘어뜨렸고 결국 승리했다. 이후에도 계속 전쟁에서 공을 세우며 백성의 인기를 한몸에 받게 되었다.

또한 음악적 재능도 뛰어나서 수금을 연주해 사울을 위로했다.

그러한 다윗을 질투한 사울은 다윗을 죽이려고 했고, 다윗은 각 지방을 전전하다가 블레셋에 몸을 숨기게 되었다.

사울이 죽은 뒤 다윗은 왕위에 올랐고, 결국 예루살렘을 수도로 삼으며 왕국을 통일했다. 하지만 다윗의 마음도 점점 해이해지기 시작했다. 가신의 아내 밧세바를 사랑하게 된 것이다. 다윗은 밧세바가 임신한 사실을 알자 그녀의 남편을 전쟁터에서 불러들여 아내와 잠자리를 갖도록 꾸미지만 계획대로 되지 않자 그를 격전지로 보내어 전사하게 만든다.

이 어리석은 행동으로 다윗도 하나님의 은총을 잃는다. 그 결과, 만년에는 자신의 아들과 싸우는 비참한 상황에 놓인다.

미켈란젤로 부오나로티, 〈다비드상〉

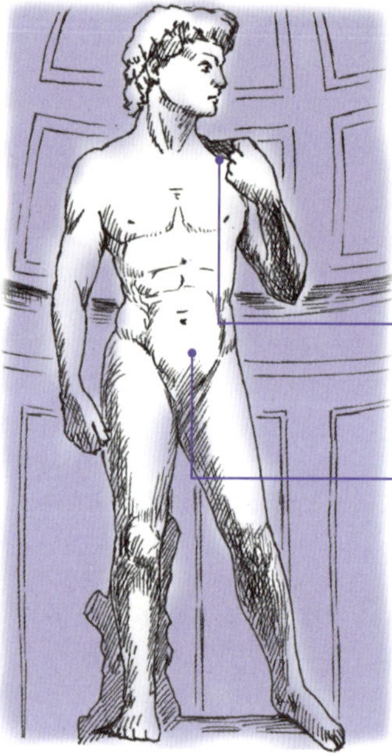

미켈란젤로가 1504년에 완성한 르네상스 시대의 걸작. 지금 당장이라도 결전에 나설 것 같은 소년 다윗(다비드)의 결의와 긴장이 잘 표현되어 있다.

투석기(천이나 가죽 등으로 돌을 싸서 던짐)의 일부가 보인다. 목동이었던 다윗은 맹수로부터 양을 지키기 위해 항상 투석기를 지니고 있었다.

사무엘기에는 전라로 싸웠다고 적혀 있지 않다.

이새나무와 예수의 혈맥

다윗의 아버지 이새는 룻과 보아스의 손자다. 『신약성경』에서는 예수의 조상에 해당한다고 기록되어 있다. 『신약성경』에서는 자주 다윗과 같은 혈통의 예수를 '다윗의 아들'이라고 적고 있다.
사진의 이새나무는 다윗의 아버지인 이새부터 예수까지의 가계를 나무에 비유해서 표현한 것이다.

▶ (사진: 뉴욕 공립 도서관 디지털 컬렉션)

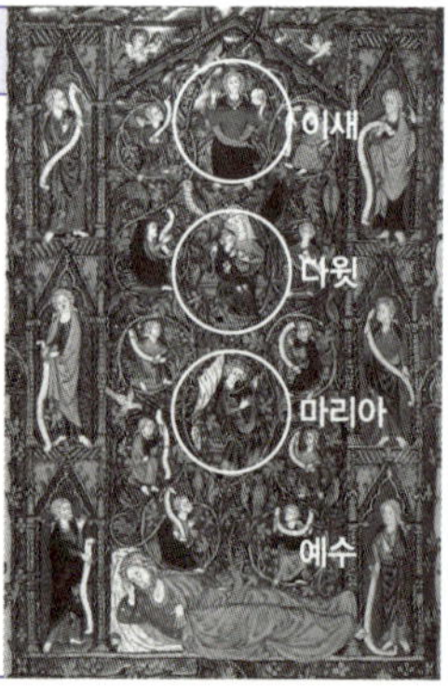

18

지혜의 왕 솔로몬

장엄하고 아름다운 성전을 세운 이스라엘 왕국의 황금기

출전 열왕기 상

『구약성경』에서는 다윗과 밧세바의 아들 솔로몬이 유례없는 현자였다고 전한다. 그 지혜는 하나님에게서 받은 것이었다.

즉위한 지 얼마 지나지 않아서 하나님은 솔로몬에게 말했다. "내가 네게 무엇을 줄꼬 너는 구하라."

그러자 솔로몬은 선악을 올바르게 판단할 지혜를 달라고 대답했다. 이를 듣고 기뻐한 하나님은 솔로몬 앞에도 뒤에도 비할 자가 없을 지혜를 주었다.

어느 날 창기 2명이 솔로몬에게 억울함을 호소하러 왔다. 한 명은 아들을 도둑맞았다고 하고, 다른 한 명은 훔친 것이 아니라 자신의 아들이라고 주장했다.

그 말을 들은 솔로몬은 아이를 반으로 잘라서 두 여인에게 나눠주라고 명령•하여 누구의 모성이 진짜인지 여부로 어머니를 분별하였다.

이러한 재판으로 덕망이 높아진 솔로몬은 왕국을 강화하고 발전시키는 사업을 순조롭게 해나갔다. 그중에서도 특히 힘을 쏟은 것이 성전 건축이었다. 솔로몬은 18만 명이 넘는 남자를 동원하여 7년에 걸쳐 성전을 완성했다. 게다가 13년에 걸쳐 궁전을 세우고, 거리에 성벽도 구축했다. 또한 12명의 지사를 정하는 등 통치 기구도 정비하고, 교역도 적극적으로 추진하여 부를 축적했다.

그러나 그러한 솔로몬에게도 결점이 있었다. 여자를 지나치게 밝히는 호색한이라는 점이 문제였다. 열왕기에는 700명의 후궁과 300명의 첩이 있었다고 기록되어 있다. 게다가 솔로몬은 이국의 여인을 좋아했다. 나이가 들었을 때 솔로몬은 그녀들이 말하는 대로 이교의 신을 모시는 신전을 짓게 하였다.

그 결과, 하나님이 분노하여 솔로몬이 죽은 후에 왕국은 둘로 갈라질 운명이 되었다.

• 일본 에도 시대(1603~1868)에 수도의 행정, 사법, 경찰 등의 직무를 맡던 에도마치의 부교 오오카 다다스네大岡忠相의 에피소드가 이와 비슷하다. 일반적으로 '오오카의 재판'으로 전해지는데, 한 아이를 두고 친모와 계모가 판별을 요청하자 아이의 양팔을 한쪽씩 잡아당겨 이긴 쪽을 친모로 인정하겠다고 제안해 결국 친모를 가려냈다는 이야기다. 이 에피소드는 솔로몬의 이야기가 선교사 등을 통해 일본에 전해져 만들어진 것이라는 설도 있다.

피에로 델라 프란체스카, 〈성 십자가 전설: 솔로몬을 찾아온 시바의 여왕〉

19

엘리야와 엘리사

사라져가는 신앙을 막은 예언자들

(출전) 열왕기 상·하

솔로몬의 배신에 분노한 하나님은 솔로몬 아들 대에 이르러 나라를 분열시켰다. 하지만 왕들은 반성하지 않았고 상황은 더욱 악화되었다. 그중에서도 북 왕국(북이스라엘 왕국)의 7대 왕이 된 아합의 타락은 극에 달했다. 그는 아내의 신앙을 받아들여 바알신•을 모셨다.

이에 강하게 반대한 사람이 예언자 엘리야였다. 엘리야는 왕과 백성들이 함께 있는 곳에서 바알신의 예언자 450명과 대결한다. 제단 위에 송아지를 놓고 어느 쪽 신이 제물을 불에 태울 수 있을

• 고대 가나안 지방에서 숭배받던 날씨와 풍작을 관장하는 신. 삼손의 이야기(14장)에 등장한 다곤의 자식이라고도 한다.

지를 가름하는 승부였다.

이 승부에서 보란 듯이 이긴 엘리야는 바알신의 예언자들을 죽여버린다. 이 일로 엘리야는 왕비에게 쫓겨 목숨이 위태로워지는 신세가 되지만 왕가에 대한 비판을 멈추지 않았고, 왕가의 무참한 죽음을 예고하기까지 했다.

이와 같은 전투를 계승한 사람이 엘리사였다. 엘리사는 엘리야와 함께 행동했다. 엘리야가 불의 전차를 타고 산 채로 하늘로 올라가는 것을 본 뒤로 자신도 온갖 기적을 일으키며 사람들에게 신앙의 회복을 호소했다. 그리고 쿠데타의 지시와 전쟁을 돕는 등 정치적인 활동도 했다.

엘리야와 엘리사가 행한 난병의 치료, 죽은 자의 부활, 빵 늘리기(줄지 않는 밀가루) 등의 기적은 예수가 행한 일과 매우 유사하다.

또한 예수가 3명의 제자를 데리고 높은 산에 올라 모습을 바꿨을 때 모세와 엘리야가 모습을 드러내 예수와 대화를 나눴다는 이야기를 복음서에서 전하는 것을 보면, 『구약성경』의 예언자 중에서도 엘리야는 특히 중요하게 여겨지는 인물임을 알 수 있다.

알렉산드르 넵스키 대성당의 이콘, 〈예언자 엘리야의 빛나는 승천〉

하늘의 부름을 받은 엘리야. 오른손에 들고 있는 것은 기적을 일으키는 외투.

엘리야의 승천을 대담한 구조로 그린 이콘. 이콘은 판이나 벽에 그린 예배에 사용하는 성화聖畫를 말한다. 소박한 표현이지만 진지한 신앙이 느껴지는 작품이 많다.

엘리야를 보내는 엘리사.

통일 왕국의 시대에서 두 왕국의 시대로 이행

BC 930년경에 솔로몬이 사망한다. 아들 르호보암이 뒤를 잇지만 이스라엘 12부족 중 10부족이 반기를 들어 지도자 야로보암을 왕으로 앉혔다. 왕국은 북이스라엘 왕국(야로보암)과 남유다 왕국(르호보암)으로 분열했다.

이렇게 현자의 시대는 막을 내리고 신앙의 회복을 호소하는 예언자의 시대가 되었다.

20

이사야와 왕국의 위기

구세주의 도래를 예고한 예언자

(출전) 이사야

『구약성경』 후반에 등장하는 이사야, 예레미야, 에제키엘을 삼대 예언자라고 부른다. 그중에서도 이사야가 가장 유명한데, 이사야에 기록된 예언은 오래전부터 중요하게 여겨졌다. 『신약성경』에 인용된 문언도 시편과 더불어 이사야에 관한 부분이 가장 많다.

과거에 이사야는 전부 이사야가 쓴 것으로 생각했는데, 현재는 이사야 자신의 말을 수록한 부분은 총 66장 중 1~39장이라고 여겨진다. 40~55장은 이사야의 의지를 계승한 무명의 예언자(들)에 의해 유다 왕국 멸망 후인 기원전 6세기 중엽에, 55~56장은 기원전 500년경에 쓰인 것으로 보여 각각 제2이사야, 제3이사야라고 부른다.

이사야는 왕국의 귀족 출신으로, 신의 소명을 받아 예언자가 된 것은 기원전 740년이라고 한다.

성전에서 하나님의 모습을 본 이사야는 자신의 입술이 더러워져• 있음을 두려워하여 하나님에게 멸함을 당하리라고 생각했다. 하지만 천사가 그의 입술에 불을 대면서 "너의 악은 가시고 너의 죄는 사라졌다."라고 말했다.

당시 유다 왕국과 이스라엘 왕국은 아시리아의 공격을 받고 있었다. 유다 왕국은 신앙심이 깊은 왕이 나타나 일시적으로 번영을 누렸지만 결국 오만과 욕망으로 인해 신앙을 잊어버리면서 왕국이 존속의 위기에 처하게 되었다.

그러한 상황에서 이사야는 절망 속에서도 희망이 있다고 하며 구세주의 도래를 이야기했다.

후세의 전승에 따르면 이사야는 왕에게 잡혀서 톱으로 살해되었다고 한다.

• '입술이 더럽다'라는 관용구는 하나님을 입에 담기에는 죄가 많은 인간을 뜻한다. 이사야의 깊은 반성으로 생긴 감상일 것이다.

미켈란젤로 부오나로티, 〈선지자 이사야〉

『신약성경』에서 인용한 이사야의 예언(일부)

* 문장은 이사야의 표현을 따른다.
* 첫 숫자는 이사야의 장:절

❖ 6장 10절
너는 이 백성의 마음을 둔하게 하고 귀를 어둡게 하며 눈을 뜨지 못하게 하여라. 눈으로 보고 귀로 듣고 마음으로 깨달아 돌아와서 성해지면 어찌 하겠느냐?

⇒ 마태복음 13:14~15, 요한복음 12:39~40, 사도행전 28:25~27

❖ 29장 13절
이 백성은 말로만 나와 가까운 체하고 입술로만 나를 높이는 체하며 그 마음은 나에게서 멀어져만 간다. 그들이 나를 공경한다 하여도 사람들에게서 배운 관습일 따름이다.

⇒ 마태복음 15:7~8, 마가복음 7:6~7

❖ 40장 3절
야훼께서 오신다. 사막에 길을 내어라. 우리의 하나님께서 오신다. 벌판에 큰 길을 훤히 닦아라.

⇒ 마태복음 3:3

❖ 42장 1절
여기에 나의 종이 있다. 그는 내가 믿어주는 자, 마음에 들어 뽑아 세운 나의 종이다. 그는 나의 영을 받아 뭇 민족에게 바른 인생길을 펴주리라.

⇒ 마태복음 12:18~21

❖ 53장 4절
그는 우리가 앓을 병을 앓아주었으며, 우리가 받을 고통을 겪어주었구나. 우리는 그가 천벌을 받은 줄로만 알았고 하나님께 매를 맞아 학대받는 줄로만 여겼다.

⇒ 마태복음 8:17

21

예레미야의 고뇌

예루살렘의 괴멸을 목격한 예언자

출전 예레미야

예레미야는 다윗과 솔로몬이 구축한 영광의 이스라엘 왕국이 모래성처럼 무너지는 모습을 눈앞에서 목격한 예언자였다.

예레미야에 따르면 그는 어머니의 뱃속에 있기 전부터 이미 하나님이 정하신 예언자라고 한다. 하지만 예언자로 활동을 시작한 시기는 기원전 627년이었다.

그때 하나님의 말씀이 예레미야에게 임하여 이렇게 말했다. "이 나라에 사는 모든 사람에게 북녘에서 재앙이 쏟아져 내리리라."

이미 북이스라엘 왕국은 기원전 722년에 아시리아에게 멸망을 당했다. 이후 아시리아는 분리 독립한 바빌로니아에 의해 멸망당하지만 이번에는 그 위협이 유다 왕국에도 미치게 된 것이다.

하나님은 이러한 비극에 휩싸인 이유는 백성들이 진정한 신앙을 잃었기 때문이고, 그것을 깨닫게 하기 위해 '나의 종• 바빌로니아의 왕 느부갓네살'을 보낼 것이라고 예레미야에게 말했다. 그리고 경고는 현실이 되고, 예루살렘은 침략을 받아 장로와 제사장을 비롯한 많은 사람이 끌려갔다.

그러한 사태가 벌어져도 사람들은 낙관적인 거짓 예언에 매달리려고 했다. 그러자 예레미야가 느부갓네살이 예루살렘을 점령하고 모든 집을 불태워버릴 것이라고 말했다. 백성들은 분노하여 예레미야를 체포해서 죽이려고 하지만 예언대로 예루살렘은 침략당하고 왕궁도 성전도 파괴되어버렸다.

왕자와 귀족들은 살해되었고 왕과 백성들은 바빌로니아의 수도 바빌론으로 연행되었다. 이것을 바빌론 유수라고 한다.

• 느부갓네살은 이교도지만 하나님의 뜻을 전달하기 위해 도구가 되었기 때문에 '나의 종'이라고 불린 것이다.

렘브란트 반 레인,
〈예루살렘의 파괴를 애도하는 예레미야〉

바빌론 유수에서 이스라엘 백성들이 연행된 경로

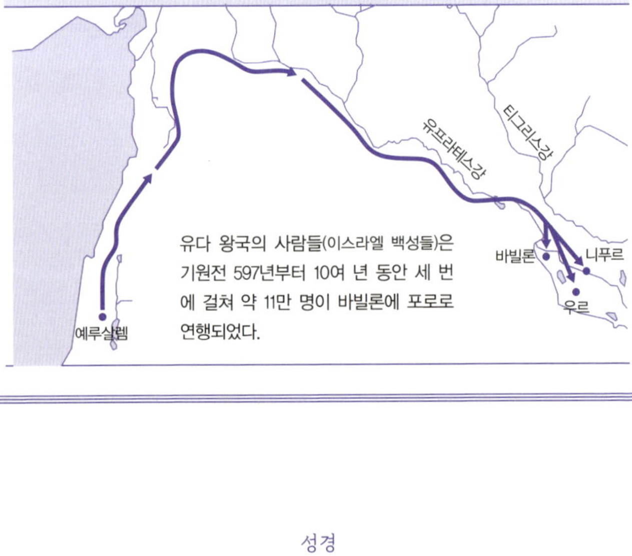

유다 왕국의 사람들(이스라엘 백성들)은 기원전 597년부터 10여 년 동안 세 번에 걸쳐 약 11만 명이 바빌론에 포로로 연행되었다.

22 에제키엘이 본 환상

바빌론 유수를 경험한 예언자

출전 에제키엘

삼대 예언자 중 한 명인 에제키엘(에스겔)도 예루살렘 함락을 목격했다. 게다가 그는 직접 바빌론 유수를 경험하기도 했다.

에제키엘이 하나님에게 소명 받은 것은 포로가 되기 전인 그발강 가의 텔아비브• 지역이었다.

나타난 하나님은 신비로운 4마리 동물 위에서 빛나고 있었다. 에제키엘이 놀라서 보고 있으니 하나님은 앞뒤로 글자가 적힌 두루마리를 내주며 그에게 먹게 했다. 이렇게 에제키엘은 예언자가 되었다. 즉, '집어삼키듯 읽다'라는 표현(영어로 devour)은 에제키

• 이스라엘에 있는 동명의 도시는 에제키엘에 나오는 이 지명과 관련해서 붙여진 이름이다.

엘의 이 일화에서 유래한다고 한다.

에제키엘은 애초에 바빌로니아의 포로가 될 지경까지 이른 이스라엘(예루살렘)의 죄를 엄하게 꾸짖는 말씀을 전했다. 그 말씀은 결국 이스라엘의 부활을 알리는 것으로 변해갔다. 하나님은 에제키엘에게 해골에 살을 붙여 생명을 불어넣는 환상을 보게 하여 예루살렘도 이렇게 부활할 것이라고 알려주셨다.

하나님은 이렇게 말씀하셨다.

"내가 너희 조상들에게 준 땅에서 너희가 거주하게 하리라."

또한 바빌론으로 끌려간 이스라엘 백성들은 커뮤니티를 만들 수 있게 되었고, 과거의 신앙도 허용되었다. 그들은 거주지에 시나고그(유대교의 교회당)를 세우고, 모세가 정했다고 전해지는 율법에 따라 신앙 생활을 하며 살았다. 그 결과, 민족의 정체성을 잃지 않으면서 신앙도 독자적으로 발전시킬 수 있었다고 한다.

라파엘로 산치오, 〈에제키엘의 환상〉

하나님. 에제키엘에서는 하나님은 동물보다 높은 하늘에서 왕좌에 앉아 있다고 한다. 라파엘로는 하나님과 동물을 같은 위치에 배치했다.

구름 사이에서 비추는 빛 속에 작은 사람 그림자는 에제키엘이다. 이를 통해 그 앞에 출현한 하나님 비전의 거대함을 알 수 있다.

에제키엘이 본 환상은 4마리의 동물(독수리, 인간, 소, 사자)이다. 라파엘로의 특징인 생명감 넘치는 필치로 표현되었다.

23

신앙을 지킨 욥

집요한 사탄의 유혹을 이긴 의인

(출전) 욥기

욥기는 연극의 한 장면처럼 시작한다. 무구하고 신앙심 깊은 욥에 관한 이야기를 한 후 하나님 앞에 천사들이 모여든 장면이다. 그 속에는 놀랍게도 사탄•도 있다. 사탄도 천사와 마찬가지로 지상을 순회했다고 한다.

그래서 하나님은 사탄에게 "너는 내 종 욥을 눈여겨 보았느냐?"라고 묻는다. 욥만큼 무구하고 신앙심 깊은 자는 없다는 뜻이다.

그런데 사탄은 욥의 신앙심이 깊은 이유는 하나님이 지켜주고 있기 때문이고, 욥의 재산을 빼앗으면 그도 하나님을 저주할 것이라고 도발한다. 그때 하나님은 사탄에게 욥의 재산을 자유롭게 쓰

• 악마. 방해하는 자, 비방하는 자라는 의미.

도록 허락했다. 그 결과, 욥은 모든 재산과 아이들을 잃고 만다. 하지만 욥은 맨몸으로 태어났으니 맨몸으로 돌아갈 것이라고 말하며 신앙을 버리지 않았다.

이 모습을 본 하나님이 욥을 칭찬하자 사탄은 목숨이 걸린 병에 걸리면 하나님을 저주할 것이라고 말했다. 그리고 사탄은 욥을 지독한 피부병에 걸리게 했다. 고통스러워하는 모습을 보던 욥의 아내는 하나님을 욕하고 죽는 편이 낫다고 말하지만 욥은 "우리가 하나님에게서 좋은 것을 받았는데 나쁜 것이라고 하여 어찌 거절할 수 있단 말이오?"라며 신앙을 버리지 않았다.

욥의 친구들은 욥이 범죄를 일으켜 병을 얻은 게 아닌지 추궁하며 회개하라라고 했지만 욥은 자신의 무구함을 확신하기 때문에 받아들이지 않았다. 하나님은 욥을 의심한 친구들에게 분노하였고 욥을 원래 모습으로 되돌리셨다. 재산은 2배로 늘려주고 많은 가족과 장수도 내려주셨다.

윌리엄 블레이크, 〈심한 종기로 욥을 치는 사탄〉

'시서詩書'란?

욥기는 그 높은 문학성에서 『구약성경』의 시편, 잠언, 전도서, 아가와 함께 '시서'로 분류된다.

❖ 욥기
본문 23장 참조. 작가는 무명 시인. 기원전 4세기 전후의 글로 여겨진다.

❖ 시편
종교시 150편으로 구성된다. 오래전에는 대부분 다윗의 글로 여겨졌다. 바빌론 유수기를 포함해서 1000년에 걸쳐 꾸준히 써온 것이라고 한다. 찬가·비탄의 노래·감사의 노래 등으로 분류된다.

❖ 잠언
7부로 구성된 격언집. 솔로몬의 글로 여겨졌다. 현재의 형태로 편찬된 때는 기원전 5세기경으로 예상된다.

❖ 전도서
지혜의 서. 솔로몬의 글이라고 하는데, 기원전 250년경에 쓰여진 것이라고 한다.

❖ 아가
다양한 사랑의 노래가 수록되어 있다. 솔로몬의 작품으로 여겨졌다. 기원전 4~3세기경에 편찬된 것으로 보인다.

24

다니엘의 수수께끼

바빌로니아왕을 섬긴 예언자

출전 다니엘

약 60년이라는 오랜 세월 지속되었던 바빌론 유수도 기원전 538년에 끝난다. 4만 명이나 되는 이스라엘 백성들은 바빌로니아로부터 해방되었다. 이들은 예루살렘으로 돌아와 성전을 재건했다. 다니엘서는 예루살렘으로 돌아온 후에 포로였던 시절을 회고하면서 쓴 것으로 여겨진다.

일설에 따르면 예루살렘이 시리아에 지배받았을 즈음(기원전 2세기 중엽)으로, 그 고난에 맞서기 위해 만든 것이라고도 한다. 즉, 『구약성경』에 수록된 문서 중에서도 가장 늦은 시기에 성립했다고 한다.

다니엘은 크게 2개로 나눠진다. 전반부에는 바빌로니아의 왕에게 중용된 다니엘의 활약, 후반부는 다니엘이 본 신비한 동물 등이

렘브란트 반 레인, 〈벨사살왕의 연회〉

공중에 나타난 손가락에 놀란 벨사살왕.

예루살렘의 성전에서 빼앗아온 기물들. 신성한 물건을 연회에 사용한 것도 하나님의 분노를 일으켰다.

기적에 놀란 사람들의 순간적인 모습이 복잡한 공간 구성에서 극적으로 묘사된다.

다니엘이 읽어낸 세 가지 수수께끼

느부갓네살왕의 꿈의 수수께끼 1	느부갓네살왕의 꿈의 수수께끼 2	벨사살왕의 연회의 수수께끼
머리가 순금, 가슴과 팔이 은, 배와 허벅지가 청동, 정강이가 철, 발이 철과 토기로 이루어진 큰 신상. ⬇ **다니엘의 해석** 금은 느부갓네살의 왕조. 두 번째에는 쇠퇴한 왕조, 세 번째에 왕조가 온 세계를 다스린다. 네 번째 나라는 강하고, 다섯 번째 나라는 강함과 약함이 함께 있다.	하늘까지 닿는 커다란 나무를 천사가 베어 쓰러뜨리려고 한다. ⬇ **다니엘의 해석** 나무는 느부갓네살왕. 회개하지 않으면 왕국에서 추방된다.	사람의 손이 공중에 나타나 쓴 수수께끼의 글자. ⬇ **다니엘의 해석** 글자는 '메네 메네 데겔 우바르신'으로 왕의 치세는 이미 끝났다는 뜻이다.

나타나는 환상이다.

처음에 시작되는 이야기는 다니엘의 꿈에 대한 해석이다. 다니엘은 바빌로니아의 느부갓네살왕•이 꾼 불길하고 이상한 꿈을 해석한다. 왕은 꿈에서 부분마다 소재가 다른 큰 신상을 보았고 큰 불안에 떨었다. 왕은 현자와 점술가, 점성가를 불러 꿈 내용을 맞추고 해석하라고 명한다(왕은 자신이 어떤 꿈을 꿨는지 잊었다). 하지만 아무도 꿈 내용을 맞출 수 없었고, 해석할 수도 없었다. 이때 다니엘이 그 내용을 통찰하고, 그 꿈은 세계 여러 나라의 흥망을 나타낸다는 해석을 알려준다.

또한 다니엘은 왕이 꾼 두 번째 기이한 꿈도 해석했다. 왕은 높이가 하늘까지 닿은 큰 나무가 등장하는 꿈을 꾸었다. 다니엘은 이 꿈에 대해서는 왕의 운명을 보여주는 것으로 해석했다.

게다가 벨사살왕이 연회를 벌이고 있을 때 공중에 나타난 손가락이 그린 글자의 의미도 훌륭하게 해석해주었다.

그러나 다니엘을 질투하는 사람들도 있었다. 그들은 다니엘이 지키기 어려운 법을 만들고는 법을 어긴 벌로 사자들이 우글거리는 동굴 속으로 던져버렸다. 하지만 천사가 지켜준 다니엘은 무사히 동굴에서 빠져나왔고 이번에는 자신을 동굴에 넣은 사람들을 사자 굴로 몰아넣었다.

• 예레미야에서 등장한 느부갓네살과 동일 인물.

다니엘 후반부에서는 다니엘이 본 여러 가지 환상•에 관한 이야기를 한다. 예를 들어 강가에 2개의 긴 뿔을 가진 숫양이 서 있었다. 그 숫양은 서쪽, 북쪽, 남쪽으로 돌진했는데 맞설 만한 짐승이 없으니 제 세상이라도 만난 듯 멋대로 행동했다.

▲ 이스라엘 백성들은 종말 때에 대천사 가브리엘이 구해주지만 그때까지는 고통이 계속된다는 예언으로 다니엘은 끝을 맺는다. 사진은 프랑스의 세계유산 몽생미셸 수도원의 미카엘 동상.

그런데 서쪽에서 매우 두드러진 뿔을 가진 숫염소가 왔다. 숫염소는 분노하며 숫양에게 돌진해서 그 뿔을 눌러 꺾어 땅에 엎드리게 하고 밟았다. 그 숫염소는 매우 강했지만 가장 강해졌을 때 그 뿔이 꺾이고 대신 4개의 뿔이 나서 하늘의 사방을 향해 자랐다.

대천사 가브리엘이 이 꿈에 대해 해설해주었다. 해설에 따르면 2개의 뿔이 있는 숫양은 메대(메디아)와 페르시아왕, 숫염소는 그리스왕이다. 숫염소의 뿔이 꺾이고 4개의 뿔이 자란 것은 왕이 죽고 4개의 왕국이 생겨날 미래를 보여주는 것이다. 이 숫염소는 알렉산더왕의 제국과 그 후계자들을 의미하는 것이었다.

• 환상은 하나님이 다니엘에게 준 예언인데, 굉장히 난해해서 다니엘조차 해석하기 어려울 정도였다.

다니엘에는 이전의 『구약성경』에서는 나타나지 않던 특징이 있다. 최후의 재판, 죽은 자의 부활, 영원한 생명과 같은 종말론적인 내용이다. 이러한 특징은 『신약성경』 시대를 맞이할 토대가 마련되고 있음을 나타낸다. 민중 사이에서도 구세주를 원한다는 생각이 생겨나기 시작했다.

2부

『신약성경』 구세주 예수의 이야기

•

내가 율법이나 예언서의 말씀을 없애러 온 줄로 생각하지 말아라.

없애러 온 것이 아니라 오히려 완성하러 왔다.

마태복음 5장 17절

『신약성경』이란?

예수가 주도한 하나님과 인간의 새로운 계약

(성립) 예수와 만나는 감동에서 태어난 세계 종교

『신약성경』 또는 기독교의 시작이 예수라는 놀라운 '인물'과 사람들의 만남이라는 것은 틀림이 없다. 그 가르침, 삶과 죽음, 부활을 알았던 사람들은 "도대체 누구인데 바람과 바다까지 복종하는가?"(마태복음 8:27)라고 생각했을 것이다.

그 감동을 사람들에게 전하면서 후세에 남길 예수와 제자들의 언행을 기록하거나 편지로 쓴 것이 『신약성경』의 시작이었다. 그들은 예수의 수난과 부활을 예레미야의 예언에 있는 하나님과의 새로운 계약(예레미야 31:31)으로 생각했기 때문에 그 기록을 『신약성경』이라고 불렀다.

『신약성경』은 히브리어가 아닌 그리스어로 기록되었다. 처음에 쓴 글이 '로마인들에게 보낸 편지'와 같은 바울의 편지로, 50년 정도의 것으로 여겨진다. 복음서 중에서는 마르코의 복음서(마가복음)가 가장 오래되었고, 요한의 복음서(요한복음)가 가장 마지막에 성립되었다고 본다. 또한 사도행전은 원래 루가의 복음서(누가복음) 중

『신약성경』의 구성(총 29권)

복음서(4권)		마태복음/마가복음/누가복음/요한복음
역사서(1권)		사도행전
편지(21권)	**바울의 편지 (13권)**	로마인들에게 보낸 편지/고린토인들에게 보낸 첫째 편지/고린토인들에게 보낸 둘째 편지/갈라디아인들에게 보낸 편지/에페소인들에게 보낸 편지/필립비인들에게 보낸 편지/골로사인들에게 보낸 편지/데살로니카인들에게 보낸 첫째 편지/데살로니카인들에게 보낸 둘째 편지/디모테오에게 보낸 첫째 편지/디모테오에게 보낸 둘째 편지/디도에게 보낸 편지/필레몬에게 보낸 편지
	익명 저자(1권)	히브리인들에게 보낸 편지
	공동 서간(7권)	야고보의 편지/베드로의 첫째 편지/베드로의 둘째 편지/요한의 첫째 편지/요한의 둘째 편지/유다의 편지
묵시록(1권)		요한묵시록

일부였다고 한다.

처음에는 지역에 따라 다른 성서(성경)가 사용되었지만 397년 가르타고 회의에서 27건의 성경이 정전으로 인정되었다.

(무대) 사도가 유럽으로 확장한 새로운 신앙

예수가 활동한 지역은 갈릴리 주변과 예루살렘 주변에 한정되고, 아브라함과 같은 『구약성경』의 인물과 비교해봤을 때 좁은 범위에 머물러 있다.

이에 반해 제자인 사도들은 튀르키예, 그리스, 로마로 활동 영역을 확장해서 넓게 퍼져 있다. 이것은 이방인이나 이교도에 대한 포교도 중요하게 생각했기 때문으로, 그들의 활동 덕분에 기독교가 세계에 널리 알려지게 된 것이다.

『신약성서』의 이야기 지도

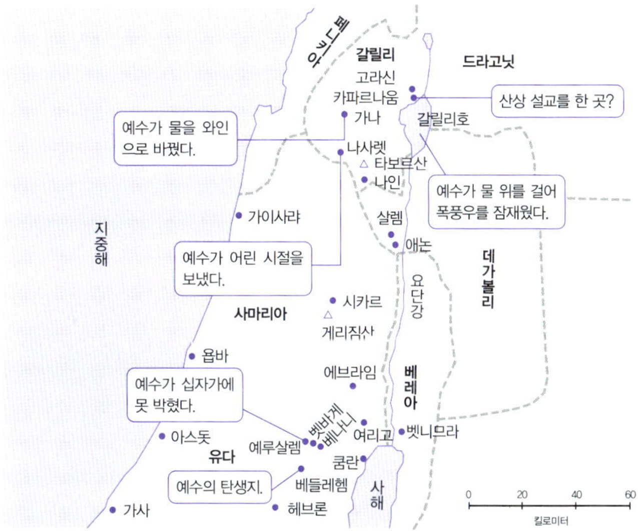

(영향) 로마에서 전 세계로 퍼진 신앙의 열기

예수의 활동을 유대교의 이단 또는 민중의 선동으로 본 유대교의 지도자와 로마 제국의 정치가들은 예수를 사형하면 그 활동이 사그라들 것으로 생각했다.

그러나 그렇지 않았다. 예수의 가르침을 받은 사람들은 은밀하게 포교를 계속했다. 가르침은 사람에서 사람으로 전해지면서 조금씩 하지만 확실하게 확산되었다.

기독교 초기의 포교 활동에서 특히 중요한 역할을 한 사람이 베드로와 바울이었다.

베드로는 예수가 가장 신뢰한 12명의 제자(십이사도) 중에서도 지도자적인 위치의 사람으로, 예수가 승천한 후에는 아직 신자가 적은 집단에 지나지 않던 각 지역의 교회를 둘러싼 교단의 기초를 다졌다.

한편 바울은 처음에는 기독교를 탄압하는 사람이었으나 예수의 계시를 받고 독실한 기독교도가 되었다. 바울은 로마 제국의 시민권을 가지고 있어서 소아시아와 그리스로 세 번에 걸친 포교 여행을 떠났다.

이러한 적극적인 포교 활동으로 로마 제국 내에서도 신자는 증가했고, 3세기 전반에는 로마 시내에 수천 명의 신도가 있었다고 한다. 이러한 사태를 로마 제국은 철저한 탄압으로 대처하려고 했으나 탄압으로는 도저히 신도를 줄일 수 없다는 것을 깨닫고 313년에 신앙을 공인하게 된다. 게다가 392년에는 기독교를 로마 제국의 국교로 정한다.

이후 기독교는 급속도로 확산되었다. 5세기 말에는 프랑크 왕국이 신도가 되었고, 이후 유럽 전 지역으로 침투했다. 16세기에는 선교사가 아시아 각 지역에 복음을 전파하고, 일본에도 교회가 세워졌다.

◀ 로마에 있는 산타 푸덴치아나 성당(390년경에 창건)의 모자이크화. 410년대에 만들어진 작품

『신약성경』 역사 일람

시대	주요 사건 [출전]
BC 7	수태고지 ········ 마태복음, 누가복음
BC 6경	예수의 탄생 ········ 마태복음, 누가복음 목동의 예배 ········ 누가복음 동방박사의 예배 ········ 마태복음 성가족의 이집트 피신 ····· 마태복음
AD 26	필라투스가 유다이아의 속주 총독으로 취임
AD 28경	예수가 세례를 받음 ······· 마태복음, 마가복음, 누가복음 기적의 고기잡이 ········ 마태복음, 마가복음, 누가복음 병을 낫게 하는 기적 ······ 마태복음, 마가복음, 누가복음, 요한복음 예수의 선교 ········ 마태복음, 마가복음, 누가복음, 요한복음 갈릴리호의 기적 ········ 마태복음, 마가복음, 요한복음
AD 29	세례자 요한의 참수 ······· 마태복음, 마가복음
AD 30	예수의 예루살렘 입성 ····· 마태복음, 마가복음, 누가복음, 요한복음 최후의 만찬 ········ 마태복음, 마가복음, 누가복음, 요한복음 예수의 책형 ········ 마태복음, 마가복음, 누가복음, 요한복음 예수의 부활과 승천 ······· 마태복음, 마가복음, 누가복음, 요한복음 베드로의 설교 ········ 사도행전
AD 33	바울의 회심 ········ 사도행전
AD 47~56	바울의 세 번에 걸친 포교 여행 ···· 사도행전, 바울의 편지
AD 64~67	로마 황제가 기독교도 박해 베드로와 바울 순교
AD 70~90경	공관복음서(마태복음, 마가복음, 누가복음) 성립
AD 90~100경	요한묵시록, 요한복음, 사도행전의 성립?

25

성모마리아의 수태고지

새로운 계약의 시작을 알리는 신비로운 사건

(출전) 마태복음, 누가복음

마태복음, 마가복음, 누가복음, 요한복음은 각기 다른 에피소드로 시작한다. 마태복음은 예수의 족보부터, 마가복음은 세례자 요한의 선포부터, 누가복음은 세례자 요한의 출생부터, 요한복음은 "천지가 창조되기 전부터 말씀이 계셨다."라는 유명한 말로 시작한다.

그러나 하나님과 사람 사이에 맺은 계약에 관한 이야기기도 한 『신약성경』은 성모마리아가 하나님 아들의 어머니가 될 것을 알렸고, 말씀대로 그 순간이 시작되었다.

그런데 이 감동적인 장면을 이야기하는 복음서는 마태복음과 누가복음뿐이다. 마태복음과 누가복음에 따르면 다윗의 혈통을 잇는 요셉의 약혼녀가 된 마리아 앞에 대천사 가브리엘이 나타났다고 한다.

"은총이 가득한 이여, 기뻐하여라. 주께서 너와 함께 계신다".

이 말을 듣고 무슨 뜻인지 몰라 당황한 마리아에게 대천사가 다시 이렇게 말했다.

"너는 하나님의 은총을 받았다. 이제 아기를 가져 아들을 낳을 터이니 이름을 예수•라 하여라."

아직 미혼인 마리아가 "어떻게 그러한 일이 있을 수 있겠습니까?" 하고 묻자, 대천사는 "성령이 너에게 내려오시고 지극히 높으신 분의 힘이 감싸주실 것이다. 그러므로 태어나실 그 거룩한 아기를 하나님의 아들이라 부르게 될 것이다."라고 타이르며 "하나님께서 하시는 일은 안 되는 것이 없다."라고 말했다.

구세주 예수가 처녀에게서 잉태한다는 것은 아담과 하와 이후 인간이 필연적으로 짊어진 원죄에 물들지 않는 탄생을 의미한다. 따라서 성모마리아의 처녀 수태를 '무원죄 잉태설'이라고도 부른다.

• '하나님은 구원해주신다'라는 뜻. 천사가 이 이름을 지어주라고 한 이유는 이사야의 예언을 이루기 위해서다.

레오나르도 다 빈치, 〈수태고지〉

다 빈치가 20살 무렵에 그린 실질적인 데뷔작이다. 근대적인 기법을 이용해서 가브리엘과 마리아를 기품 있게 표현한다.

천사의 말을 듣고 놀라는 마리아. 들어 올린 손은 승낙의 증거.

대천사 가브리엘. 앞으로 뻗은 오른손의 검지와 중지는 축복을 나타낸다. 왼손에 든 백합은 마리아의 처녀성을 상징.

수태고지를 그릴 때 마리아에게는 파란 망토를 입힌다는 약속이 있다. 그것을 속성attribute이라고 한다.

성모마리아 전설

후세 사람들은 마리아의 생애 전반에 대해서는 여러 가지 상상을 하면서 전설을 만들었다. 다음과 같은 장면은 회화나 조각으로 표현된다.

❖ **마리아 탄생의 고지**
불임으로 걱정하던 마리아의 부모가 어느 날 천사에게 아이의 탄생을 듣게 된다. 수태고지와 비슷한 장면.

❖ **마리아의 탄생**
유복한 집에서 태어나자마자 어머니 안나에게 안겨 있는 마리아. 예수가 마굿간에서 태어난 것과 대조적이다.

❖ **마리아의 교육**
마리아가 어머니에게 교육받는 모습이 그려져 있다.

▲ 스테인드 글라스에 그려진 아기 마리아와 어머니(성 안나).

26 예수의 탄생

말구유에서 잠들었던 어린 구세주

출전 마태복음, 누가복음

예수의 탄생을 이야기하는 복음서는 마태복음과 누가복음이다. 마태복음은 구세주의 탄생이라는 사실만 기술할 뿐이라서 어떤 상황에서 탄생했는지는 알 수 없다. 누가복음에 따르면 예수가 탄생(하늘에서 내려온 하나님의 성령이 지상에서 태어났다는 의미로 '강탄降誕'이라고도 한다)한 곳은 베들레헴•이었다고 한다.

당시 팔레스타인은 로마 제국의 지배를 받는 속주였다. 로마의 황제 아우구스투스는 모든 영토의 주민을 등록시켰고, 속주 사람들도 그 방침에 따르게 되었다. 주민 등록은 태어난 고향에서 해야

• 룻기에 따르면 다윗 일족은 베들레헴에 살고 있었다. 그래서 메시아(구세주)는 베들레헴에서 온 것이라는 신앙이 생겨났다.

했기 때문에 요셉은 약혼녀인 마리아를 데리고 나사렛에서 베들레헴으로 향했다.

그런데 베들레헴은 주민 등록을 하기 위해 돌아온 사람들로 혼잡해서 요셉과 마리아는 여관에 묵을 수가 없었다. 어쩔 수 없이 그들은 마구간에서 밤을 보내게 되었다. 그리고 산달이던 마리아는 이곳에서 예수를 낳은 것이다. 누가복음에는 다음과 같이 쓰여 있다.

"마리아는 달이 차서 드디어 아들을 낳았다. 여관에는 그들이 머무를 방이 없었기 때문에 아기를 포대기에 싸서 말구유에 눕혔다."

한편 마태복음에는 예수라고 이름을 지은 이유를 설명한다. 마태복음에 따르면 천사가 요셉에게 예수라 부르라고 가르쳐주었고, 그것은 이사야에서 "처녀가 잉태하여 아들을 낳고 그 이름은 임마누엘이라 하리라."라고 예언한 것을 실현하기 위해서였다고 한다.

조토 디 본도네, 〈예수의 탄생〉

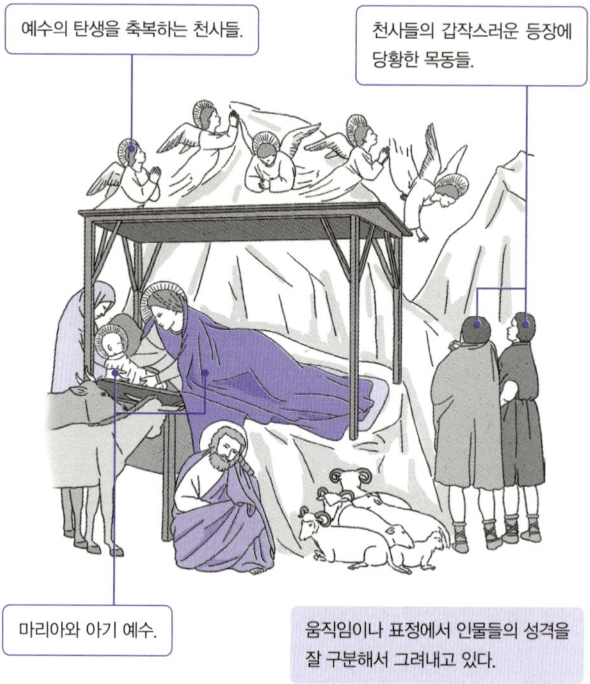

『구약성경』에 있는 예수 탄생의 예언

이사야 9장 5절	예레미야 23장 5~6절
우리를 위하여 태어날 한 아기, 우리에게 주시는 아드님, 그 어깨에는 주권이 메어지겠고 그 이름은 탁월한 경륜가, 용사이신 하나님, 영원한 아버지, 평화의 왕이라 불릴 것입니다.	내가 다윗의 정통 왕손을 일으킨 그날은 오고야 만다. 이는 내 말이라, 어김이 없다. 그는 현명한 왕으로서 세상에 올바른 정치를 펴리라. 그를 왕으로 모시고 유다와 이스라엘은 살길이 열려 마음 놓고 살게 되리라. '야훼 우리를 되살려주시는 이'라는 이름으로 그를 부르리라.

27

목동의 경배

예수에게 처음 경배드린 가난한 사람들

(출전) 누가복음

이렇게 하나님의 아들 예수가 인간 세상에 태어났지만 가장 처음으로 경배한 사람은 성직자도 왕후도 아닌 목동들이었다. 사회적으로 가장 낮은 계층에 속했던 목동들이 어떻게 예수의 탄생을 제일 먼저 알고 경배를 올렸을까?

예수가 탄생했을 때 가까운 곳의 언덕과 들판에서 목동들이 노숙하며 양들을 지키고 있었다. 그런데 마굿간 위에 천사들이 모여든 것이다.

게다가 신비로운 빛이 마구간을 환하게 비추고 있었다. 목동들은 믿지 못할 광경을 보며 두려움에 떨고 있었다. 그러자 천사는 그들에게 이렇게 말했다.

"두려워하지 말라. 나는 너희에게 기쁜 소식을 전하러 왔다. 모든 백성에게 큰 기쁨이 될 소식이다. 오늘 밤 너희의 구세주께서 다윗의 고을에 나셨다. 그분은 바로 주님이신 그리스도•시다. 너희는 한 갓난아이가 포대기에 싸여 구유에 누워 있는 모습을 보게 될 터인데 그것이 바로 그분을 알아보는 표다."

그때 갑자기 하늘에서 수많은 천사로 이루어진 군대가 나타나 하나님을 찬미했다.

"하늘 높은 곳에는 하나님께 영광, 땅에서는 그가 사랑하시는 사람들에게 평화!"

천사들이 하늘로 돌아가자 목동들은 천사가 말한 것을 확인하러 가기로 했다.

아브라함과 야곱도 목동이었고, 목동이 양떼를 지키고 인도하기 때문에 하나님과 비유되었지만 당시 팔레스타인에서는 목동의 지위가 높지 않았고 가난한 사람도 적지 않았다. 그러한 사람들이 첫 경배자가 되었다는 이야기에서 예수 구원의 본질이 잘 드러나는 듯하다. 예수는 사람이 회개하는 것을 하나님이 기뻐하는 모습을 가리켜 "목동이 양 1마리를 잃으면 99마리를 남겨두고 찾으러 가는 것과 마찬가지."라고 말한다(마태복음 18:10, 누가복음 15:3).

• 히브리어로 '기름 부음을 받은 자'라는 뜻. 이 말이 변해서 구세주의 의미가 되었다. 그리스도는 그리스어의 번역어다.

조르주 드 라 투르, 〈목동들의 경배〉

성모자상의 종류

성모자상에도 여러 가지 종류가 있다.

◎ **호데게트리아(이끄는 여자) 유형**
이끄는 성모. 왼손으로 예수를 안고, 오른손은 예수의 몸에 살포시 대고 있다.

◎ **키리오티사 유형(니코포이아와 호데게트리아의 융합)**
성모는 서서 가슴 언저리에 예수를 안고 있다. 성모와 예수 모두 정면을 향해 있다.

◎ **니코포이아(승리를 가져오는 사람) 유형**
승리의 성모. 성모는 옥좌에 앉고 예수는 무릎에 앉아 있다. 모자가 모두 정면을 향해 있다.

◎ **엘레우사(자애로운, 부드러운) 유형**
자애로운 성모. 성모와 예수가 볼을 맞댄 반신상이다.

▲ 니코포이아 유형. 이스탄불의 아야 소피아 성당의 벽화.

28

3명의 동방박사의 경배

유럽인의 공상을 자극한 신비에 싸인 점성술사

출전 마태복음

마태복음에서는 목동들의 경배는 기술하지 않는 대신 동쪽에서 온 점성술사들의 경배에 관해 이야기한다.

따라서 목동의 예배와 비교해서 어느 쪽이 먼저였는지는 복음서의 내용을 통해서는 알 수 없지만 목동이 더 빨랐을 것이라고 여겨진다.

이 점성술사들을 보통 '박사'라고 부르는데, 원어는 마구스magus다. 마구스는 페르시아 등에서 제사에 관련된 점성술사를 뜻한다. 복수형은 마기magi라서 '마기의 경배'라고도 한다.

점성술사들은 처음에 헤로데왕•을 방문했다. 그들은 유다왕이

• 기원전 73년경~4년. 로마 제국의 비호를 받으며 유다를 통치한 왕.

될 자의 탄생을 알려주는 별이 나타나서 미래의 왕을 경배하기 위해 찾아왔다고 말했다. 전혀 짐작이 가지 않는 말에 헤로데왕은 놀라며 그러한 자를 발견하면 자신도 경배하고 싶으니 알려 달라고 했다. 하지만 사실 헤로데왕은 구세주가 탄생해서 자신의 지위가 위태로워지는 것을 두려워했기 때문에 그 아이를 죽이려고 생각했던 것이었다.

그들은 아기 예수 앞에 무릎을 꿇고 경배한 후 황금과 유황, 몰약을 드렸다. 헤로데왕의 꿍꿍이를 꿰뚫어 보신 하나님이 그들에게 헤로데왕을 방문하지 말라고 경고해서 점성술사들은 다른 길을 통해 집으로 돌아갔다.

점성술사들이 오지 않을 것을 알게 된 헤로데왕은 그리스도의 활약을 막으려고 베들레헴 근방에 사는 2살 이하의 남자아이를 전부 살해했다.

알브레히트 뒤러, 〈동방박사의 경배〉

예수를 경배하러 온 점성술사들. 손에 황금, 유황, 몰약을 들고 있다.

뒤러는 박사들을 아시아, 유럽, 아프리카 3대륙의 상징으로 그렸다. 카스파르(앞줄 오른쪽)가 아시아, 멜키오르(뒷줄 왼쪽)가 유럽, 발타사르(뒷줄 오른쪽)가 아프리카를 상징한다.

동방박사의 선물에 담긴 심볼리즘

유황
나무진으로 만든 향. 기독교의 신성을 상징한다.

몰약
몰약나무에서 얻은 고무수지로, 향료나 시체의 방부 처리제로 사용된다. 기독교에서는 죽음과 부활의 상징이다.

황금
그리스도가 하나님 나라의 왕임을 상징한다.

1
1
6

29

이집트로 피신한 성가족

헤로데왕의 영아 학살 소동

출전 마태복음

마태복음에 따르면 3명의 동방박사가 돌아간 후에 천사가 요셉의 꿈에 나타나 이렇게 말했다고 한다.

"헤로데가 아기를 찾아 죽이려 하니 어서 일어나 아기와 아기 어머니를 데리고 이집트로 피신하여 내가 알려줄 때까지 거기에 있어라."

헤로데왕은 왕위를 빼앗길지도 모른다는 생각으로 그리스도가 나타나는 것을 두려워했다. 그래서 자신을 찾아왔던 점성술사들에게 그리스도가 될 아기를 찾으면 알려 달라고 했지만 그들이 왕궁으로 돌아오지 않을 것을 알자 두려운 나머지 베들레헴 주변의 영아들을 살해하도록 명령한 것이다.

사실 이 영아 학살도 회화로 많이 그려졌다. 조토, 틴토레도, 루

벤스 등도 작품을 남겼는데 영아의 사체가 쌓여 있거나 종교화라고는 생각하기 힘들 정도로 잔혹한 장면을 연출하고 있다.

성가족(예수, 성모마리아, 성 요셉)은 하나님이 알려준 덕분에 위기를 피할 수 있었다. 성가족은 헤로데왕이 죽을 때까지 이집트에 있었다고 (몇 년 동안인지는 불명) 하지만 복음서에는 그 기간에 대해 언급하지 않는다.

그러나 후세 사람들은 다양한 상상을 했다. 예를 들어 '도마의 유아기 복음'•에는 성모자가 신전으로 들어갔을 때 이교도의 우상이 무너졌다고 적혀 있다. 또한 하나님이 기적을 일으켜서 헤로데왕이 뒤쫓으라고 보낸 사람들의 눈을 멀게 했다는 이야기도 생겨났다.

회화에서도 이집트에서 휴식을 취하고 있는 성가족을 테마로 한 작품이 많다.

• 『신약외경』 중 하나. 8~9세기에 편찬된 글로, 라틴어로 적혀 있다. 예수의 어린 시절에 대해 기록했다.

조토 디 본도네, 〈이집트로의 피신〉

이집트로 피신하면서 파생된 이야기

이집트로 향하는 도중 성가족은 밭길을 지나고 있었다. 성모는 씨를 뿌리고 있는 농부에게 이렇게 말했다.
"만약 우리의 행방을 묻는 사람들이 있다면 씨뿌리는 시기에 지나갔다고 말하세요."
그러자 그 밭의 곡물은 하룻밤 사이에 크게 자라서 열매를 맺었다. 그때 헤로데왕이 보낸 병사가 와서 농부에게 성가족을 봤느냐고 물었다. 농부는 성모가 말한 대로 대답했다. 병사는 추적을 포기했다.

30

예수의 성전 봉헌

처음 예언한 앞으로 일어날 예수의 수난

출전 누가복음

이번 장에서 이야기할 사건을 '이집트로의 피신'보다 먼저 일어난 사건으로 생각하는 사람도 있다. 왜냐하면 성전 봉헌은 첫 아이가 태어나고 40일이 지난 후에 행하기 때문이다.

원래 성전 봉헌이란 노예처럼 혹사당하던 이스라엘 백성들을 이집트에서 구출해준 것에 대한 감사로, 사람이든 가축이든 상관없이 첫 아이는 하나님에게 봉헌하는 의례다. 출애굽기에는 다음과 같이 적혀 있다.

"야훼께서 모세에게 이르셨다. '이스라엘 백성 가운데서 모태를 열고 나온 맏아들은 모두 나에게 바쳐라. 사람뿐 아니라 짐승의 맏배도 나의 것이다.'"

그러나 정말로 아이를 바치라는 말이 아니라 일정 금액을 봉헌한 후 아이를 돌려받는 것이다(이것을 속죄•라고 한다).

예수도 이 의식을 치르기 위해서 성전으로 안겨 갔는데, 그때 예상치 못한 일이 생겼다. 시므온이라는 나이든 예언자가 와서 예수를 안은 것이다. 성령이 그에게 그리스도를 만나기 전까지는 죽지 않을 것이라고 알려주었는데, 지금 그것이 이루어졌다고 말했다.

시므온은 예수를 축복하면서 성모마리아에게 이렇게 말했다.

"당신의 마음은 예리한 칼에 찔리듯 아플 것입니다. 하지만 반대자들의 숨은 생각을 드러나게 할 것입니다."

이 말은 예수의 수난을 시사한다.

성전에는 안나라는 여성 예언자도 있었다. 그녀는 사람들에게 아기 예수의 이야기를 알렸다.

• 부채를 다른 방법으로 갚는 것. 또는 가족이 자신을 대신해서 지불하는 일. 『신약성경』은 예수의 수난과 죽음을 인간의 죄에 대한 속죄라고 생각한다.

프라 안젤리코, 〈성전에서의 봉헌〉

예루살렘 성전

예루살렘에 처음으로 성전이 세워진 것은 솔로몬왕의 시대였으나 신바빌로니아에 의해 파괴되었다.

바빌론 유수 후에 성전이 재건되었다. 『신약성경』에서 전해지는 성전은 이때 재건된 두 번째 성전으로 기원전 20년경에 헤로데왕이 건축한 것이다.

▲ 이스라엘 박물관에 재현된 헤로데 성전의 모형.

31

학자들과 토론하는 예수

비범함을 전하는 소년 시절의 유일한 에피소드

(출전) 누가복음

예수의 소년 시절은 유년 시절 이상으로 정보가 없다. 누가복음에 적혀 있는 이야기뿐이다. 또한 이 에피소드에 대한 명명도 일정하지 않다. '학자들 속의 예수', '성전에서의 논의', '성전에 있는 예수' 등으로 다양하게 불린다.

예수가 12살 때의 일이다. 여느 때처럼 성가족은 과월절過越節• 을 축하하기 위해 예루살렘을 방문했다. 명절이 끝나고 가족은 집으로 돌아가는 길에 예수가 없다는 사실을 깨달았다. 친척이나 지인과 함께 있을 것으로 생각했는데, 어디에도 없어서 예루살렘까

• 이집트에서 탈출한 일을 기념하는 축제. 과월이란 이집트에 하나님의 재앙이 닥쳤을 때 이스라엘 백성들의 집은 그 재앙이 그냥 지나쳤다는 이야기에서 유래한다.

지 돌아가 찾아보기로 했다.

3일 후 겨우 예루살렘에 도착한 요셉과 마리아는 예수가 성전에서 학자(유대교의 랍비)들 한가운데에 앉아 있는 모습을 발견했다. 놀랍게도 예수는 학자들과 대등하게 토론을 하고 있었다. 게다가 듣고 있던 사람들은 모두 그의 지능과 대답하는 품에 경탄하고 있었다.

마리아는 예수에게 다가가 물었다.

"왜 이렇게 우리를 애태우느냐? 너를 찾느라고 아버지와 내가 얼마나 고생했는지 모른다."

예수는 이렇게 답했다.

"왜 나를 찾으셨습니까? 나는 내 아버지의 집에 있어야 할 줄을 모르셨습니까?"

하나님의 아들인 예수에게 성전이야말로 '아버지'가 있는 집이라는 뜻이다.

호세 데 리베라, 〈박사들 사이의 예수〉

성모의 '일곱 가지 슬픔'과 '일곱 가지 기쁨'

성모의 생애에서 슬퍼하는 장면과 기뻐하는 장면을 일곱 가지씩 고른 것.

일곱 가지 슬픔

① 시므온의 예언(30장)
② 이집트로 피신(29장)
③ 소년 예수를 잃어버림(31장)
④ 십자가를 짊어진 예수(54장)
⑤ 형벌(55장)
⑥ 십자가 강하(56장)
⑦ 매장(57장)

※괄호 안의 숫자는 이 책의 장 번호

일곱 가지 기쁨

① 수태고지(25장)
② 예루살렘 방문(*)
③ 예수의 탄생(26장)
④ 3명의 동방박사의 경배(28장)
⑤ 학자들 사이에서 예수를 찾음(31장)
⑥ 예수의 부활(57장)
⑦ 예수의 승천(59장)

*임신 중에 같이 임신 중이던 사촌동생이자 세례자 요한의 어머니 엘리자벳 방문

32

예수의 세례

요한에게 세례를 받은 이유

(출전) 마태복음, 마가복음, 누가복음

성년이 된 예수는 드디어 사람들에게 말씀을 전하기 시작했지만 그 전에 체험해둬야 할 몇 가지 일이 있었다.

요한에게 세례•받는 일도 그중 하나였다. 요한은 형해화된 유대교를 엄격하게 비판한 예언자로, 사람들에게 죄를 회개하고 세례를 받도록 설득했다.

요한은 예수의 선구자가 될 마땅한 존재였다. "네 속옷을 가지려고 하거든 겉옷까지도 내주어라."라고 말한 요한의 가르침도 예수의 가르침과 비슷했다.

• 죄나 부정을 씻기 위해 물로 몸을 씻는 일. 요한은 세례를 신앙을 표명하는 의식으로 여겨서 평생 한 번만 행하도록 했다.

한편 요한은 자신보다 뛰어난 구원자가 나타날 것을 알고 "나는 너희에게 물로 세례를 베풀지만 이제 머지않아 성령과 불로 세례를 베푸실 분이 오신다. 그분은 나보다 더 훌륭한 분이어서 나는 그분의 신발끈을 풀어드릴 자격조차 없다."라고 말했다.

그런데 그 당사자인 예수가 요한에게 세례를 받으려고 하니 놀랄 수밖에 없었다.

"제가 선생님께 세례를 받아야 할 터인데 어떻게 선생님께서 제게 오십니까?"

이렇게 묻자 예수는 다음과 같이 말했다.

"지금은 내가 하자는 대로 하여라. 우리가 이렇게 해야 하나님께서 원하시는 모든 일이 이루어진다."

먼저 예수 자신이 회계하여 보여주는 것이 사람들을 이끌기 위해 중요하다는 뜻이다.

예수가 물에서 나오자 하늘에서 "이는 내 사랑하는 아들, 내 마음에 드는 아들이다."라는 하나님의 목소리가 들렸다.

안드레아 델 베로키오, 〈그리스도의 세례〉

33

황야의 유혹

악마가 예수를 시험한 세 가지 시련

(출전) 마태복음, 마가복음, 누가복음

선교 활동•을 시작하기 전 예수가 겪어야 할 또 한 가지 일이 있었다. 악마의 시련이었다. 예수가 황야에서 40일 동안 단식을 이어가서 몹시 허기를 느끼고 있을 때 악마가 이렇게 말했다.

"당신이 하나님의 아들이거든 이 돌더러 빵이 되라고 해보시오."

그러자 예수는 이렇게 대답했다.

"사람이 빵만으로는 살지 못하고 야훼의 입에서 떨어지는 말씀을 따라야 산다."

이 말은 『구약성경』의 신명기 8장 3절에 있는 구절을 인용한 것

• 갈릴리에서 전도를 시작한 후부터 십자가에 걸리실 때까지의 기간을 '(예수의) 공생애' 또는 '공생활'이라고 한다.

이다.

그러자 악마는 예수를 예루살렘의 성전 꼭대기로 데리고 갔다.

"당신이 하나님의 아들이거든 뛰어내려보시오. 성경에 '하나님이 천사들을 시켜 너를 시중들게 하시리니 그들이 손으로 너를 받들어 너의 발이 돌에 부딪히지 않게 하시리라' 하지 않았소?" 하고 악마도 『구약성경』 시편 1절을 인용하며 도발했다.

그러자 예수는 신명기 6장 16절의 구절을 인용해서 대답했다.

"'주님이신 너희의 하나님을 시험하지 말라'라는 말씀도 성경에 있다."

악마는 다시 예수를 아주 높은 산으로 데리고 올라가서 이 세상의 모든 나라와 그 번영한 모습을 보여주며 "당신이 내 앞에 절하면 이 모든 것을 당신에게 주겠소."라고 말했다.

예수의 대답은 결연했다.

"사탄아, 물러가라! 성경에 '주님이신 너희 하나님을 경배하고 그분만을 섬겨라'라고 하시지 않았느냐?"

이것은 신명기 6장 13절에서 인용한 말이다. 예수의 명에 따라 악마가 물러가자 천사가 와서 예수를 섬겼다.

두초 디 부오닌세냐,
〈광야에서 유혹 받으시는 예수〉

건물에 비해 예수와 악마가 지나치게 크다. 두초는 당시 표현 방법에 따라 중요한 인물을 크게 그렸다.

악마. 박쥐의 날개와 발톱을 지녔다. 인간과 짐승이 섞인 모습이다.

악마를 쫓아내는 예수. 악마가 제시한 세 가지 유혹은 대식, 오만, 인색이라는 세 가지 대죄를 상징한다.

황야의 유혹의 무대는 '유혹의 산'?

황야의 유혹이 펼쳐졌던 땅으로 여겨지는 곳은 여리고의 북서부에 위치한 해발 370m의 '유혹의 산' 이다.
여기에는 그리스 정교의 수도원인 유혹의 산 수도원(40일 수도원이라는 의미)이나 수도사들이 살았던 30개 이상의 동굴이 남아 있다.

▲ 산 중턱에 있는 고대 여리고의 유적. 텔 알 술탄에서 케이블카를 타고 올라갈 수 있다.

34

세례자 요한의 죽음

요한의 목을 상으로 요구한 살로메

출전 마태복음, 마가복음

요단강에서 세례를 받은 다음 예수는 요한과 헤어져 선교 활동을 했는데, 이후에는 서로 교류는 없던 듯하다. 마태복음에는 요한이 제자들을 예수에게 보내 "오시기로 되어 있는 분이 바로 선생님이십니까?"라고 묻게 했다고 기록되어 있다.

예수는 요한을 '예언자보다 더 훌륭한 사람'이라고 칭송했다. 하지만 왕인 헤로데 안티파스(그리스도가 나타날 것을 두려워하여 영아 살해를 명령한 헤로데왕의 아들)는 권력에 아첨하지 않고, 또한 율법을 가볍게 생각하는 세상을 엄격하게 비판하는 요한을 증오하며 두려워했다.

왕이 배다른 형제의 아내 헤로디아를 왕비로 삼자 요한이 그 부도덕함을 비판했다. 왕은 요한을 잡아서 감옥에 가두었다. 하지만 요한이 백성들에게 인기가 많은 것을 알고 있었기에 사형은 내리지 못했다.

그때 고관 대작과 유력자까지 모여 왕의 탄생 축하 연회를 성대하게 열었다. 그 연회에서 춤을 선보여 사람들을 사로잡은 사람이 왕비 헤로디아의 딸 살로메다. 매우 흡족한 왕은 살로메에게 상으로 무엇이든 주겠다고 말했다. 그러자 헤로디아는 딸 살로메에게 다음과 같이 말하도록 시켰다.

"세례자 요한의 머리를 쟁반에 담아서 가져다주십시오."

그 말을 들은 왕은 몹시 괴로웠지만 약속한 바도 있어서 경비병을 감옥에 보내 요한의 목을 베어오도록 했다.

나중에 예수의 활동을 알게 된 왕은 요한이 살아 돌아왔다•고 생각했다고 한다. 자신이 진 죄의 무게로 고통스러웠기 때문일 것이다.

• 왕은 이렇게 말했다고 한다. "그에게서 그러한 기적의 힘이 나타나는 것을 보면 죽은 세례자 요한이 다시 살아난 것이 틀림없다."(마가복음)

귀스타브 모로, 〈환영〉

살로메를 소재로 삼은 예술가들

1870년대 이후 소설가 귀스타브 플로베르와 시인 스테판 말라르메 작품의 영향으로 세계적인 살로메 붐이 일어났다. 모로의 〈환영〉을 알게 된 아일랜드 출신 작가 오스카 와일드는 1891년에 프랑스어로 희극 『살로메』를 집필한다. 성경을 소재로 한 극을 금지했던 영국에서는 상연되지 못했지만 1902년 베를린에서 독일어판으로 상연되었다. 이것을 보고 감격한 사람이 후기 낭만파 작곡가 리하르트 슈트라우스다. 그도 살로메를 소재로 한 오페라를 만들었다.

▶ 오스카 와일드의 『살로메』는 1894년에 영어로 출간되었다. 세기말을 대표하는 화가 오브리 비어즐리가 삽화를 그렸다.

35

기적의 고기잡이와 십이사도

갈릴리호 어부들이 예수의 첫 제자

출전 마태복음, 마가복음, 누가복음

세례자 요한이 잡힌 후 예수는 선교 활동을 하던 지역을 갈릴리로 옮겼다. 그곳에서 "회개하여라. 하늘나라가 다가왔다!" 하고 선포하며 본격적인 선교 활동을 시작했다.

그리고 얼마 지나지 않아 예수는 갈릴리 호숫가를 걷고 있는 어부 형제를 만났다. 베드로라고 불리는 시몬과 동생 안드레였다.

예수는 그들에게 말했다.

"나를 따라오너라. 내가 너희를 사람 낚는 어부로 만들겠다."

그러자 형제는 그물을 버리고 예수를 따라갔다. 조금 걸어가자 그곳에도 어부 형제가 아버지와 그물을 손질하고 있었다. 제베대오의 아들 야고보와 동생 요한이었였다.

예수는 그들에게도 따라오라고 말했다. 두 사람은 배와 아버지를 남겨둔 채로 예수 일행을 따랐다.

예수는 사람들이 기피하는 세금을 징수하는 관리 마태오도 제자로 삼았다.

"예수께서 그곳을 떠나 길을 가시다가 마태오라는 사람이 세관에 앉아 있는 것을 보시고 '나를 따라오라' 하고 부르셨다. 그러자 그는 일어나서 예수를 따라나섰다."

이러한 예수의 모습을 비판하는 사람도 있었는데, 예수는 이렇게 대답하셨다.

"나는 선한 사람을 부르러 온 것이 아니라 죄인을 부르러 왔다."

예수는 이렇게 늘어난 제자 중에서 12명을 골라 악령을 제어하는 권능을 주어 선교하러 보냈다. 이들이 십이사도다.

라파엘로 산치오, 〈고기잡이의 기적〉

십이사도 - 예수가 선택한 12명의 제자

베드로	원래 어부. 십이사도 중에서도 지도자적 위치. 예수에게 천국의 열쇠를 받았다고 한다.	마태오	원래 세금을 징수하던 관리. 마가복음, 누가복음에 있는 레위와 동일 인물이라고 한다.
안드레	베드로의 동생으로 원래 어부.	유다	이스카리옷 출신. 가롯 유다. 교단의 금전을 관리했다. 나중에 예수를 팔아넘긴다.
야고보	제베대오의 아들. 원래 어부. 예수의 형제 야고보와 구별해서 대야고보라고 한다.	야고보	알패오의 아들. 미상.
요한	대야고보의 동생으로 원래 어부. 형의 순교 후 초기 교회의 중심이 되었다.	시몬	로마에서 독립을 외친 열심당원사 출신.
빌립보	사마리아와 에디오피아의 고관에게 포교를 했다.	도마	디두모로 불렸다. 예수의 부활을 의심했다.
바르톨로메오	빌립보의 친구. 요한복음의 나다니엘과 동일 인물이라고 한다.	타대오	알패오의 아들인 야고보의 아들이라고도 한다.

36 물을 와인으로 바꾼 기적

가나의 결혼식에 초대받은 예수와 성모

(출전) 요한복음

선교 활동을 시작했을 때는 성모마리아도 예수와 동행하기도 했다. 그러한 모습을 엿볼 수 있는 에피소드가 요한복음에 있다. 예수께서 공생애를 시작하고 가장 먼저 행하신 기적으로 알려진 이야기다.

갈릴리호의 근처 도시 가나•에서 혼례가 있어서 성모마리아도 일을 도우러 갔다. 예수와 형제들도 초대되었다. 연회가 한창일 때(이 시절에 혼인 잔치는 며칠 동안 이루어졌다) 와인이 부족해졌다. 성모는 혼인 잔치를 치르는 집과 인연이 깊었던지 예수에게 의논했다.

• 〈가나의 혼인잔치〉에서의 기적이 일어난 장소로 여겨지는 케프르 켄나에는 프란치스코 교회와 그리스 정교회, 2개의 혼례 교회가 있다.

그런데 예수는 이렇게 대답했다.

"그것이 저와 무슨 상관이 있다고 그러십니까? 아직 제때가 오지 않았습니다."

초대받은 예수가 와인 준비와는 아무 상관이 없다는 것은 이해하겠지만 "아직 제때가 오지 않았습니다."라는 말은 무슨 뜻일까?

아마도 예수는 기적을 일으켜 쉽게 와인을 만들 수 있지만 아직 기적을 일으킬 상황이 아니라고 생각하셨던 것이리라.

기적은 하나님의 위대함을 알려서 신앙심을 단단하게 하는 데 큰 힘을 발휘하지만 아무 때나 누구에게나 좋은 영향을 주는 것은 아니다. 때에 따라서는 불신이나 의심을 초래할 수 있다.

그러나 아예 모른 체할 수 없다고 생각하셨는지 예수는 하인들에게 6개의 물병에 물을 가득 채워 오도록 한 다음 그 물을 와인으로 바꿨다.

하인들은 그 와인 맛을 보고 말했다.

"누구든 좋은 포도주는 먼저 내놓고 손님들이 취한 다음에 덜 좋은 것을 내놓는 법인데 이 좋은 포도주가 아직까지 있으니 웬일이오!"

조토 디 본도네, 〈가나의 혼인잔치〉

원화는 14세기 초에 본도네가 스크로베니 경당에 그린 장식화. 110, 176, 179, 188, 194쪽의 그림도 마찬가지다.

기독교식 결혼식에서 자주 사용하는 성경의 말

마가복음 10장 6~9절

그런데 천지창조 때부터 하나님께서는 사람을 남자와 여자로 만드셨다. 그러므로 사람은 그 부모를 떠나 자기 아내와 합하여 둘이 한 몸이 되는 것이다. 따라서 그들은 이제 둘이 아니라 한 몸이다. 그러므로 하나님께서 짝지어주신 것을 사람이 갈라놓아서는 안 된다.

고린토인들에게 보낸 첫째 편지 13장 4~7절

사랑은 오래 참습니다. 사랑은 친절합니다. 사랑은 시기하지 않습니다. 사랑은 자랑하지 않습니다. 사랑은 교만하지 않습니다. 사랑은 무례하지 않습니다. 사랑은 사욕을 품지 않습니다. 사랑은 성을 내지 않습니다. 사랑은 앙심을 품지 않습니다. 사랑은 불의를 보고 기뻐하지 아니하고 진리를 보고 기뻐합니다. 사랑은 모든 것을 덮어주고 모든 것을 믿고 모든 것을 바라고 모든 것을 견디어 냅니다.

37

병자를 고친 예수

신자를 늘리면서 적도 늘린 기적

출전 마태복음, 누가복음, 마가복음, 요한복음

예수가 행한 여러 가지 기적 중에서도 특히 사람들의 마음을 사로잡은 것이 병자들의 치료다. 4개의 복음서를 합하면 100개가 넘는 치료 이야기가 수록되어 있다. 인상적인 부분은 다음과 같다.

"예수께서 온 갈릴리를 두루 다니시며 회당에서 가르치시고 하늘나라의 복음을 선포하시며 백성 가운데서 병자와 허약한 사람들을 모두 고쳐주셨다. 예수의 소문이 온 시리아에 퍼졌다."(마태복음 4:23~)

"마침 그때 열두 해 동안이나 하혈병을 앓던 어떤 여자가 뒤로 와서 예수의 옷자락에 손을 대었다. 예수의 옷에 손을 대기만 해도 나으리라고 생각한 것이다. 예수께서 돌아서서 그 여자를 보시고 '안심하여라, 네 믿음이 너를 낫게 하였다' 하고 말씀하시자 그 여

자는 대뜸 병이 나았다."(마태복음 9:20~)

"예수께서는 땅에 침을 뱉어 흙을 개어서 맹인의 눈에 바르신 다음 '실로암 연못으로 가서 씻어라' 하고 말씀하셨다(실로암은 '파견된 자'라는 뜻). 맹인은 가서 얼굴을 씻고 눈이 밝아져서 돌아왔다."(요한복음 9:6~)

카파르나움에서 침상에 눕혀져서 온 중풍 들린 사람을 고쳐줬을 때 "너는 죄를 용서받았다."라고 말씀하시자 율법학자•의 반발을 샀다. 죄를 용서할 수 있는 것은 하나님뿐이기 때문이다.

그러자 예수는 "'너는 죄를 용서받았다' 하는 것과 '일어나 걸어가라' 하는 것과 어느 편이 더 쉽겠느냐? 이제 땅에서 죄를 용서하는 권한이 사람의 아들••에게 있다는 것을 보여주겠다."라고 말했고, 병자는 모든 사람이 보는 앞에서 일어나 집으로 돌아갔다.

• 율법(모세의 오서)의 해석을 연구하는 사람들. 형식주의로 위선적이었다.

•• '사람의 아들'은 예수가 자신을 가리킬 때 사용하던 표현.

두초 디 부오닌세냐, 〈맹인을 치료하다〉

맹인의 눈에 약을 바르는 예수. 뒤에는 제자들과 기적을 목격하려고 모여든 사람들.

예수가 약을 발라주는 맹인.

눈이 보이게 된 맹인. 지팡이를 놓고 있다. 하나의 화면 속에 다른 시간의 사건을 그리는 이시동도법異時同圖法으로 기적을 표현했다.

예수가 치료한 사람들

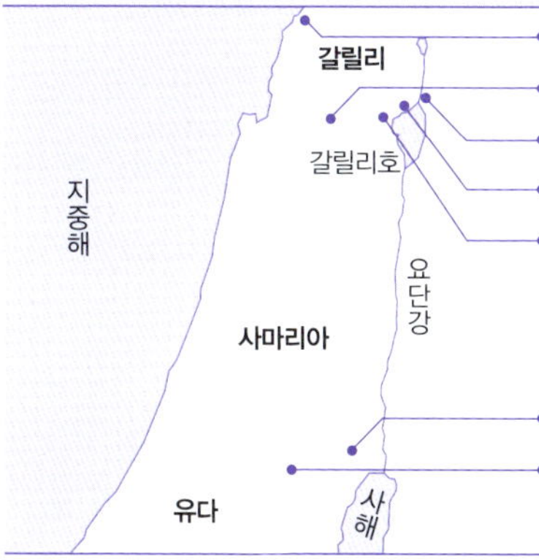

- 두로(티레): 가나인의 딸.
- 가나: 왕의 신하의 아들.
- 베싸이다: 맹인.
- 카파르나움: 중풍에 걸린 남자.
- 막달라: 피부병 환자, 중풍에 걸린 백인 대장의 종, 베드로의 장모, 중풍 환자, 혈행병을 앓는 여성, 2명의 맹인, 몸이 굽은 여성.
- 여리고: 2명의 맹인.
- 예루살렘: 맹인, 베데스다못에 있던 병자, 귓병을 앓는 대사제.

38

나사로의 부활

무덤에 묻힌 지 나흘째에 예수가 다시 살린 남자

출전 요한복음

예수는 병을 치료했을 뿐 아니라 이미 죽은 사람을 다시 살리기도 했다. 그중에서도 유명한 이야기가 요한복음에 있는 '나사로의 부활'이다.

나사로는 유다 지방의 베다니(베다니아 또는 베타니아) 출신으로 마리아와 마르타라는 두 자매와 함께 예수가 아끼던 인물이었다. 자매가 예수에게 사람을 보내어 나사로가 병에 걸렸다고 알렸으나 예수는 바로 움직이지 않았다. 나사로가 병에 걸린 것은 하나님이 하나님의 아들의 영광을 나타내기 위함이라는 것을 알고 있었기 때문이다.

예수가 제자들과 함께 베다니로 출발한 것은 사흘 후였다.

나사로의 집에 도착해보니 이미 나사로는 죽어서 매장된 지 나흘이 지나버렸다. 여동생들은 입을 모아 말했다.

"주님, 주님께서 여기에 계셨더라면 제 오빠는 죽지 않았을 것입니다."

그때 예수가 "네 오빠는 다시 살아날 것이다."라고 말하니 마르타는 "마지막 날 부활• 때에 다시 살아나리라는 것은 저도 알고 있습니다."라고 대답했다.

그에 대해 예수는 "나는 부활이요, 생명이니 나를 믿는 사람은 죽더라도 살겠고 또 살아서 믿는 사람은 영원히 죽지 않을 것이다."라고 말했다. 그리고 무덤으로 가서 입구를 막고 있던 돌을 치우게 하고 "나사로야, 나오너라." 하고 큰소리로 외쳤다.

그러자 나사로가 손발이 베로 묶인 모습으로 나타났다. 예수는 사람들에게 "그를 풀어주어 가게 하여라."라고 말씀하셨다.

• 마지막 심판 때에 죽은 자가 다시 살아나서 신의 심판을 받고, 선한 자는 하늘나라에 갈 수 있다고 한다.

후안 데 플란데스, 〈나사로의 부활〉

146

39

물 위를 걸은 예수

의심으로 익사할 뻔한 베드로

(출전) 마태복음, 마가복음, 요한복음

기적 중에서는 제자들만 본 장면도 있었다. 갈릴리호• 물 위를 걷고 있는 모습을 본 사람도 제자들뿐이었다.

이 이야기는 마태복음, 마가복음, 요한복음에 기록되었지만 마태복음에만 베드로의 에피소드가 포함되어 있다. 이 에피소드는 왜 기적이 일어나는지에 대해 생각하게 한다.

호숫가에서 군중에게 하나님의 말씀을 전한 후 예수는 제자들을 먼저 배로 돌려보내고, 자신은 산에서 기도했다.

한편 제자들은 해가 떠 있는 동안 배를 출발시켰음에도 역풍 때

• 갈릴래아호라고도 불리는 소금 호수. 지형의 영향 때문에 때때로 바람으로 파도가 인다.

문에 좀처럼 앞으로 나아가지 못하던 상황이었다. 새벽녘까지 그러한 상태여서 예수는 물 위를 걸어 제자들을 향해 갔다.

그 모습을 본 제자들은 유령이라고 생각해서 너무 두려운 나머지 소리를 질렀다. 예수는 그들을 안심시키려고 "나다, 안심하여라. 겁낼 것 없다."라고 말씀하셨다.

물 위를 걷고 있는 사람이 예수라는 것을 안 베드로는 이렇게 말했다.

"주님이십니까? 만일 주님이시면 저더러 물 위로 걸어 오라고 하십시오."

예수가 "오너라." 하고 말하자, 베드로는 배에서 내려 물 위를 걷기 시작했다. 그런데 거센 바람이 불어오자 베드로는 물 위를 걷는 것이 갑자기 무서워졌다. 두려움을 느끼자 몸이 물에 빠졌다.

예수는 바로 손을 내밀어 베드로를 도와주고 이렇게 말했다.

"왜 의심을 품었느냐? 그렇게도 믿음이 약하냐?"

틴토레토, 〈물 위를 걷는 그리스도〉

물 위를 걷는 예수. 제자들에게 이야기하고 있다.

화면 앞쪽에 예수를 크게, 제자들과 배를 배경처럼 작게 그렸다. 영화의 한 장면 같다.

물 위를 걸으려고 하는 베드로. 제자들 중에서 지도자적인 위치였다. 때때로 신앙을 의심하는 인간미 넘치는 인물.

바람과 호수를 꾸짖은 예수

예수와 제자들이 배로 갈릴리호를 건너고 있을 때 갑자기 거센 태풍이 일어 배를 삼켜버릴 위험에 처했다.

겁을 먹은 제자들에게 예수는 "왜 그렇게들 겁이 많나? 아직도 믿음이 없느냐." 하고 제자들을 책망하고, 일어서서 바람과 호수를 향해 "고요하고 잠잠해져라!"라고 꾸짖었다.

그러자 바람이 갑자기 멈췄다.

▲ 강풍으로 파도가 거센 갈릴리호.

40 빵과 물고기가 늘어나는 기적

복음서가 반복적으로 이야기하는 빵의 중요성

출전 마태복음, 누가복음, 마가복음, 요한복음

머지않아 예수의 설교에 많은 사람이 모여들었다. 복음서에 적힌 내용에 따르면 그 수는 5000명•이나 되었다.

그 정도로 사람이 많이 모이면 식량 문제가 생긴다. 집회는 대체로 도시에서 떨어진 장소에서 열렸기 때문에 식량 조달에 어려움이 있었다. 게다가 예수 일행도 여유롭지 못했다.

그래서 제자들은 저녁 무렵이 되면 예수에게 사람들을 마을에 돌려보내도록 부탁했다. 하지만 예수는 "그들을 보낼 것 없이 너희가 먹을 것을 주어라."라고 말씀하셨다.

그러나 제자들에게는 빵 5개와 물고기 2마리뿐이었다. 예수는

• 설교 장소에 모인 남성의 수를 말한 것으로 여자와 아이들은 포함되지 않았다.

빵을 가져오게 하여 하늘을 우러러 찬미한 후 빵을 떼어 제자들에게 나눠주었다. 제자들이 빵과 물고기를 군중에게 나눠주자 모두 배불리 먹고 남은 빵 조각을 모으니 열두 광주리나 되었다.

이 이야기는 4권의 복음서 전부에 실린 내용은 아니지만 마태복음과 마가복음에는 두 번에 걸쳐 이야기하고 있다(군중 숫자에는 약간의 차이가 있다). 4권의 복음서 전체에 걸쳐 여섯 번 정도 이야기한다. 왜 이렇게까지 반복해서 전하고 있는 것일까? 그것은 이 이야기가 성찬의 원형이기도 하기 때문이다.

성찬이란 최후의 만찬(51장 참조) 때 예수가 빵을 찢어서 "이것은 내 몸이니라."라고 말하며 제자들에게 먹게 한 것에 비유해서 성별된 빵을 먹는 의식을 말한다.

예수의 희생을 추모하는 이 의식은 신자들에게는 가장 중요한 의식 중 하나다.

라벤나 산 아폴리나레 누오보 성당 벽화,
〈빵과 물고기의 기적〉

기독교의 상징

기독교의 상징을 알아두면 서양 예술 작품을 이해하는 단서가 된다.

▲ 갈릴리 호숫가에 있는 빵과 물고기의 기적성당에 그려진 모자이크화.

❖ **올리브 가지**
하나님과 사람의 융화. 평화. 노아의 방주 이야기에서 시작.

❖ **어린 양**
예수. 어린 양은 희생에 사용된다고 해서, 스스로 죽음으로써 인류를 죄에서 해방한 예수의 상징으로 여긴다.

❖ **비둘기**
성령. 평화.

❖ **돼지**
불경한 동물. 탐욕. 음욕의 상징.

❖ **포도**(의 나무)
기독교의 신앙. 교회.

❖ **염소**
마지막 심판에서 지옥에 떨어진 자. 그것이 변해서 악마를 가리키는 상징이 되었다.

❖ **와인**
예수의 피. 최후의 만찬에서 예수가 한 말에서 유래.

41 막달라 마리아

예수를 둘러싼 여자들

출전 마태복음, 누가복음, 마가복음, 요한복음

예수에게 선택받은 십이사도는 모두 남성이었지만 예수를 믿고 따르는 사람 중에는 여자도 많았다. 그러한 모습을 누가복음에서는 다음과 같이 기록한다.

"악령이나 질병으로 시달리다가 나은 여자들도 따라다녔는데 그들 중에는 일곱 마귀•가 나간 막달라 여자라고 하는 마리아, 헤로데의 신하 쿠자의 아내인 요안나, 그리고 수산나라는 여자를 비롯하여 다른 여자들도 여럿 있었다. 그들은 재산을 바쳐 예수의 일행을 도왔다."

• 후세 교회에서는 이것을 일곱 가지 죄(교만, 인색, 음탕, 분노, 탐욕, 질투, 태만)라고 했다.

그중에 막달라 마리아가 신도 중에서도 중요한 위치였다고 여겨진다. 그녀가 예수의 형벌과 매장에 함께했던 것에서도 알 수 있다. 또한 부활한 예수와 처음 만난 사람도 그녀였다고 한다(57·58장 참조).

그러나 막달라 마리아의 출신 등에 대해서는 자세한 내용을 알 수 없다. 그녀가 어떤 사정으로 마귀를 쫓아내었는지도 알 수 없다. 그러한 이유로 복음서에 등장한 몇 명의 마리아와 이름 없는 여자와 동일시되었다. 특히 많이 알려진 여자가 눈물로 예수의 발을 적시고, 머리카락으로 발을 닦은 죄 많은 여자다.

이 여자는 예수에게 "너의 죄는 용서받았다. 네 믿음이 너를 구원하였다. 평안히 가라."라는 말을 들었으나 이후 신도가 되어 예수를 따랐다고 한다.

또한 나사로의 여동생 마리아와 동일시되기도 한다.

전해지는 이야기에 따르면 막달라 마리아는 예수의 승천 후 프랑스 마르세유로 가서 30년 동안 은둔 생활을 보냈다고 한다.

조르주 드 라 투르, 〈참회하는 막달라 마리아〉

드 라 투르는 비슷한 막달라 마리아상을 많이 그렸다. 모두 짙은 그림자를 표현해서 깊은 정적감을 자아낸다.

『신약성경』에 등장하는 여러 마리아

성모마리아 예수를 낳은 부모 ⇨ 25장, 26장, 27장, 28장, 30장, 31장, 36장 참조	베다니의 마리아 나사로의 여동생 ⇨ 38장 참조
막달라 마리아 본문 참조	요한의 어머니 마리아 예수와 제자들이 모일 장소를 제공한 인물 ⇨ 사도행전 12장 12절에 등장
야고보와 요셉의 어머니 마리아 막달라 마리아와 함께 십자가에 걸린 예수를 지키고 부활하신 아침에 묘지에 갔다. ⇨ 57장 참조	바울의 친구 마리아 에페소 교회에 헌신한 여성 신도 ⇨ 로마인들에게 보낸 편지 16장 6절에 등장

42 예수와 간음녀

예수를 모함하려고 한 율법학자와 바리새파

출전 요한복음

예수가 점차 민중의 마음을 얻고 있는 상황을 탐탁지 않게 생각하던 사람들이 있었다. 유대교의 장로들과 율법학자들이었다. 그들은 사사건건 트집을 잡아 예수에게 이단의 낙인을 찍으려고 했지만 그럴 때마다 격한 반론을 받아 파고들 틈을 찾지 못했다. 그래서 그들은 덫을 놓기로 했다.

예수가 성전에서 말씀을 전하고 있을 때 그곳에 율법학자인 바리새파인•들이 간음 현장에서 붙잡힌 여자를 데리고 왔다. 그들은 모여든 사람들 한가운데에 여자를 세워두고 이렇게 말했다.

• 바리사이파라고도 한다. 유대교의 분파로 처음에는 소수파였는데, 예수가 살아 있을 당시에는 주류파가 되었다. 율법 준수를 중시했다.

"우리의 모세법에는 이러한 죄를 범한 여자는 돌로 쳐서 죽이라고 하였는데 선생님의 생각은 어떻습니까?"

당시 팔레스타인의 사법권은 로마 제국이 장악해서 유대인이 사형을 선고하거나 집행하지 못했다. 그래서 예수가 "율법에 따라 돌로 쳐 죽여야 한다."라고 대답하면 로마법을 위반하게 되는 것이다. 반대로 "죽이면 안 된다."라고 답하면 율법에 반하게 되는 상황이었다. 어떤 대답을 해도 그들은 예수를 규탄할 수 있었다.

그런데 예수는 그들이 상상도 하지 못한 대답을 했다.

"너희 중에 누구든지 죄 없는 사람이 먼저 저 여자를 돌로 쳐라."

돌을 던질 수 있는 사람은 아무도 없었고, 예수와 여자를 남겨두고 그 자리를 떠났다. 예수는 여자에게 말씀하셨다.

"나도 네 죄를 묻지 않겠다. 어서 돌아가라. 그리고 이제부터 다시는 죄짓지 말아라."

귀스타브 도레, 〈간음한 여인〉

간음에 대한 『신약성경』의 기술

『신약성경』

- 누구든지 여자를 보고 음란한 생각을 품는 사람은 벌써 마음으로 그 여자를 범했다.(마태복음 5:28)
- 누구든지 자기 아내를 버리고 다른 여자와 결혼하면 그 여자와 간음하는 것이며 또 아내가 자기 남편을 버리고 다른 남자와 결혼해도 간음하는 것이다.(마가복음 10:11~12)

43

산상 설교

율법을 초월한 예수의 사상적 에센스

출전 마태복음

예수의 설교 중에서 가장 유명한 것은 '산상 설교(수훈)'일 것이다. 이것은 마태복음 5장부터 7장까지 이이지는 긴 설교다.

그러나 실제 설교를 있는 그대로 기록한 것은 아니고, 몇 개의 설교를 조합해서 재구성한 것으로 여겨진다.

이 산상 설교에서는 22개의 가르침•에 대해 말씀하시지만(세는 방법에는 다른 주장이 있다), 특히 유명한 내용이 '팔복 말씀(진복팔단)'이다.

• 22개의 가르침은 본문에서 소개한 것 외에도 익숙한 말이 여럿 있다. '구하라 그러면 받을 것이다'(구하라 받을 것이다, 찾으라 얻을 것이다), '돼지 목에 진주' 등도 산상의 설교에 있는 말이다.

그리고 다음에 말씀하신 '세상의 소금·세상의 빛'(예수의 가르침을 믿는 자는 진리를 널리 비추는 존재라는 뜻)은 격언이 되어 있기도 하다.

그밖에도 여덟 번째 '보복하지 말라'에서 "누가 오른뺨을 치거든 왼뺨마저 돌려대라."와 아홉 번째 '원수를 사랑하라'에서 "원수를 사랑하고 너희를 박해하는 사람들을 위하여 기도하여라.", 열여섯 번째 '먼저 하나님의 나라를 구하라'에서 "내일 일은 걱정하지 말아라. 내일 걱정은 내일에 맡겨라. 하루의 괴로움은 그날에 겪는 것만으로 족하다." 등도 잘 알려져 있다.

열 번째에서 열두 번째에는 '자선에 대한 가르침', '기도에 대한 가르침', '단식에 대한 가르침'과 비슷한 내용이 이어진다. 남들이 보는 앞에서 자선을 베풀면 남에게 칭찬받은 것으로 충분히 상을 다 받게 된다. 하나님만 알도록 자선을 숨겨야 하나님이 갚아주신다는 내용이다.

마지막에 가르침을 들은 사람들은 "율법학자들과는 달리 권위가 있기 때문이었다."라는 점에 놀랐다고 적혀 있다.

이것은 율법학자는 오직 율법의 해석만 설명하지만 예수는 하나님처럼 지켜야 할 것에 대해 명령했음을 보여준다.

프라 안젤리코, 〈산상 설교〉

안젤리코의 독자적인 밝고 명쾌한 화면 구성으로 넘치는 종교성을 그려내고 있다.

팔복의 가르침 - '~는 행복하다'로 시작하는 8개의 사항

마음이 가난한 사람 → 하늘나라가 그들의 것이다.

만족할 것이다. → 위로받을 것이다.

온유한 사람 → 땅을 차지할 것이다.

옳은 일에 주리고 목마른 사람 → 만족할 것이다.

자비를 베푸는 사람 → 자비를 입을 것이다.

마음이 깨끗한 사람 → 하나님을 뵙게 될 것이다.

평화를 위하여 일하는 사람 → 하나님의 아들이 될 것이다.

옳은 일을 하다가 박해를 받는 사람 → 하늘나라가 그들의 것이다.

44

밀을 예로 든 가르침

밀의 다양한 역할을 알면 하나님의 말씀을 이해할 수 있다

출전 마태복음, 마가복음, 누가복음

고대 팔레스타인에서는 밀이 생명의 상징으로 여겨지는 식량이었다. 성경에서도 밀과 관련된 이야기가 많이 나온다.

『신약성경』에서는 '씨뿌리는 사람'과 '한 알의 밀'과 같은 비유가 유명하다. 씨뿌리는 사람은 3권의 복음서•에 실려 있는데, 마가복음의 문장을 인용해보겠다.

"씨 뿌리는 사람이 씨를 뿌리러 나갔다. 씨를 뿌리는데 어떤 것은 길바닥에 떨어져 새들이 와서 쪼아 먹고 어떤 것은 흙이 많지 않은 돌밭에 떨어졌다. 흙이 깊지 않아서 싹은 곧 나왔지만 해가

• 마태복음, 마가복음, 누가복음 3권에는 공통되는 내용이 많아서 공관복음서로 불린다.

뜨자 뿌리도 내리지 못한 채 말라버렸다. 또 어떤 것은 가시덤불 속에 떨어졌다. 가시나무들이 자라자 숨이 막혀 열매를 맺지 못하였다. 하지만 어떤 것은 좋은 땅에 떨어져서 싹이 나고 잘 자라 열매를 맺었는데, 열매가 30배가 된 것도 있고 60배가 된 것도 있고 100배가 된 것도 있었다."

여기서 말하는 '씨'란 하나님의 말씀이다. 하나님의 말씀을 들어도 신앙심이 없다면 싹을 틔우지 못한다. 잘 듣고 관심을 가져도 욕망과 유혹에 져버리면 겨우 나온 싹도 말라버린다.

그러나 하나님의 말씀을 잘 새겨두고 소중하게 키우면 은혜는 30배, 60배, 100배도 될 수 있다는 것이다.

이러한 비유를 염두에 두면 요한복음에 나오는 '한 알의 밀' 비유도 이해할 수 있을 것이다.

"밀알 하나가 땅에 떨어져 죽지 않으면 한 알 그대로 남아 있고 죽으면 많은 열매를 맺는다. 누구든지 자기 목숨을 아끼는 사람은 잃을 것이며 이 세상에서 자기 목숨을 미워하는 사람은 목숨을 보존하며 영원히 살게 될 것이다."(요한복음 12:24~25)

장 프랑수아 밀레, 〈씨뿌리는 사람〉

밀과 가라지의 비유(마태복음 13:24)

원수가 와서 밀밭에 가라지를 뿌리고 갔다. 밀이 자라서 이삭이 팼을 때 가라지도 드러났다. 종들이 와서 "가라지를 뽑아버릴까요?" 하고 묻자 주인은 "가만 두어라. 추수 때에 가라지를 먼저 뽑아서 단으로 묶어 불에 태워버리고 밀을 수확하면 된다."라고 대답했다.

이 비유의 의미에 대해 예수는 "추수 때는 세상이 끝나는 날이요, 추수꾼은 천사들이다. 그러므로 추수 때가 되면 천사가 남을 죄짓게 하는 자들과 악행을 일삼는 자들을 모조리 자기 나라에서 추려내어 불구덩이에 처넣을 것이다. 그때 의인들은 아버지의 나라에서 해와 같이 빛날 것이다."라고 설명했다.

45 선한 사마리아인의 비유

진정한 이웃은 누구일까?

출전 누가복음

선한 사마리아인의 비유는 율법학자가 예수에게 '네 이웃을 네 몸과 같이 사랑하라'라는 율법을 끄집어내어 "누가 저의 이웃입니까?" 하고 물었을 때 등장한 비유다.

어떤 사람이 예루살렘에서 여리고로 여행을 떠났을 때의 일이다. 노상에서 강도를 만나서 크게 다쳐 부상을 입었다.

여행자가 길가에 쓰러졌는데 마침 지나가던 제사장은 길 반대편으로 피해서 지나가버렸다. 그리고 레위 사람•이 왔는데, 그 사람도 길 반대편으로 걸어서 지나가버렸다. 세 번째에 온 사람은 사마리아인이었다.

• 이스라엘 12부족 중 하나로 성전의 제사에 관련된 사람이 많았다.

사마리아는 갈릴리와 유다 사이의 지역으로, 북이스라엘 왕국의 수도가 있던 곳이지만 유대교에서 파생된 종교를 믿는 사람들(유대교에게는 이교도, 이방인이라는 존재였다)이 살고 있었다. 그러한 이유로 유대인과는 대립이 잦았고 서로 싫어했다.

그런데 이 사마리아인은 여행자에게 다가가서 상처에 기름과 포도주를 부어 소독하고, 붕대를 감은 후에 자신의 당나귀에 태워 여관으로 데려갔다. 그리고 하룻밤 동안 간호하고 이튿날 여관 주인에게 은화 2개를 주며 돌봐 달라는 부탁을 하면서 만약 비용이 더 들면 돌아오는 길에 갚겠다는 말을 남기고 떠났다.

이 이야기를 마친 후 예수는 율법학자에게 물으셨다.

"이 세 사람 중에서 강도를 만난 여행자의 이웃이 되어준 사람은 누구였다고 생각하느냐?"

율법학자가 "그 여행자를 도와준 사람입니다."라고 대답하자 예수는 "너도 가서 그렇게 하여라." 하고 말씀하셨다.

빈센트 반 고흐, 〈선한 사마리아인〉

고흐 특유의 거센 터치. 고흐가 정신병으로 입원했을 때의 작품이다.

선한 목자란?

'선한 사마리아인'과 비슷한 말로 '선한 목자'가 있다. "어떤 사람에게 양 100마리가 있었는데 그중 1마리가 길을 잃었다고 하자. 그 사람은 99마리를 산에 그대로 둔 채 그 길 잃은 양을 찾아 나서지 않겠느냐?"(마태복음 18:12)

▶ 사진은 19세기에 출판된 기독교 도상학책의 삽화.

46

돌아온 탕자

재산을 탕진한 동생이 사랑받는 이유는 무엇일까?

(출전) 누가복음

탕자의 귀환도 예로부터 친숙한 이야기로 여러 회화에 그려지거나 문학 작품의 소재로 사용되었다.

어느 작은 마을에 부유한 남자가 살았다. 그에게는 2명의 아들이 있었다. 첫째 아들은 성실하고 부지런하며, 아버지의 말을 잘 들었다. 반면 둘째 아들은 성격이 제멋대로였다고 한다. 어느 날 동생이 아버지에게 재산을 나눠 달라고 했다. 그러자 아버지는 아들들에게 재산을 나눠주었다.

동생은 바로 재산을 돈으로 바꿔 먼 마을로 떠났다. 그리고 그곳에서 방탕한 생활을 하면서 재산을 전부 탕진해 거지가 되어버렸다. 그러다 그 지역에 기아의 위기가 덮쳐서 먹을 것조차 구하기 어려워졌다.

그래서 동생은 어떤 사람에게 의지했는데, 그 사람은 유대인이 더럽고 불결하다고 피하는 돼지•를 치게 했다.

동생은 아버지의 집에는 일꾼들이 많고 먹을 음식도 차고 넘칠 정도였던 것이 떠올랐다. 그리고 아버지에게 사죄하고 하인이 되기로 결심했다. 그렇게 동생이 고향으로 돌아오는 모습을 본 아버지는 멀리서 달려와 아들을 맞이하며 목을 끌어안고 입을 맞췄다.

아들은 "이제 아들이라 할 자격이 없습니다."라고 말했지만 아버지는 가장 좋은 옷을 입히고, 송아지를 잡아서 잔치를 해주었다.

밭에서 돌아와 상황을 알게 된 형은 아버지에게 화가 나 말했다.

"저는 이렇게 여러 해 동안 아버지를 위해서 종이나 다름없이 일하며 아버지의 명령을 어긴 일이 한 번도 없었습니다. 그런데도 저에게는 친구들과 즐기라고 염소새끼 1마리 주지 않ㅇ시지 않았습니까?"

이 말을 들은 아버지는 이렇게 대답했다.

"얘야, 너는 늘 나와 함께 있고 내 것이 모두 네 것이 아니냐? 그런데 네 동생은 죽었다가 다시 살아왔으니 잃었던 사람을 되찾은 셈이다."

• 유대인은 돼지고기를 먹지 않는다. 먹는 사람은 이교도로 여겨진다.

렘브란트 반 레인, 〈돌아온 탕자〉

돌아온 탕자를 맞이하는 아버지. 잃어버린 양을 찾으러 간 양치기를 연상시킨다.

아버지의 행동에 불만을 품은 형. 율법학자를 나타낸 것이라고 한다. 고지식한 신도에 대한 충고로 여겨진다.

회개하는 탕자.

원화는 렘브란트가 죽기 직전에 그린 걸작. 그림 속 인물의 얼굴과 손에서 신의 깊은 사랑을 읽을 수 있다.

형과 동생, 더 사랑받은 사람은?

재산을 나눠줌

형 → 아버지와 함께 산다.

사랑
- 계속 아버지의 사랑을 받았다.

동생 → 방탕 / 굶주려 돼지 치기를 했다. / 뉘우치고 돌아왔다.

사랑
- 방탕한 생활을 하다가 집으로 돌아올 때까지 아버지의 사랑을 잃었다.
- 돌아왔을 때 아버지에게 축하받았다.

형도 동생도 동등하게 사랑받았다.

47 모세, 엘리야와 이야기하는 예수

제자들이 본 하얀 광채로 빛나는 예수의 모습

출전 마태복음, 마가복음, 누가복음

예수는 조금씩 자신에게 닥칠 수난 즉, 예루살렘에서 체포되어 장로와 제사장, 율법학자로부터 모욕과 박해를 당하다가 살해되고 사흘 후에 부활한다는 이야기를 하기 시작했다. 하지만 첫 번째 제자인 베드로마저도 그 의미를 정확하게 이해하지 못했다.

며칠 후 예수는 제자 중 베드로, 야고보, 요한 3명만 데리고 높은 산•으로 올라갔다. 그러자 예수의 얼굴이 태양처럼 빛나고, 옷은 빛과 같이 희어졌다. 그리고 갑자기 예수의 옆에 모세와 엘리야가 서서 예수의 수난에 관한 이야기를 나눴다.

• 복음서에 산의 이름은 정확히 기록되지 않았지만 갈릴리에 있는 다볼산이라는 설이 있다.

감격한 베드로는 "저희가 여기에서 지내면 얼마나 좋겠습니까! 괜찮으시다면 제가 여기에 초막 셋을 짓겠습니다."라고 말했다.

그 사이에 빛나는 구름이 나타나서 예수와 모세, 엘리야를 덮었다. 그리고 구름 속에서 목소리가 들려왔다.

"이는 내 사랑하는 아들, 내 마음에 드는 아들이니 너희는 그의 말을 들으라."

두려워하던 제자들이 땅에 엎드리자 또 다시 목소리가 들렸다.

"두려워하지 말고 모두 일어나라."

제자들이 고개를 들자 예수만 남고 모두 사라졌다.

산에서 내려올 때 예수는 제자들에게 이렇게 말씀하셨다.

"사람의 아들이 죽었다가 다시 살아날 때까지는 지금 본 것을 아무에게도 말하지 말아라."

세 사람은 그 말씀을 지켜서 아무에게도 말하지 않았다.

라파엘로 산치오, 〈그리스도의 변용〉

광채로 빛나는 얼굴과 하얀 옷으로 변용한 예수. 16세기 이후 이러한 표현이 주류를 이뤘다. 이 작품은 젊은 나이에 사망한 라파엘로의 걸작이다.

출현한 모세(왼쪽)와 엘리야(오른쪽). 모세는 십계명 돌판을 안고, 엘리야는 예언서를 들고 있다.

빛나는 구름에 싸여 있는 3명의 모습을 보고 두려워 땅에 엎드린 베드로, 야고보, 요한.

악령에 씌인 아이들. 복음서에 '변용'의 다음에 나오는 장면이 아이들에게서 악령을 쫓아내는 에피소드다.

48

예수의 예루살렘 입성

크게 환영받는 예수와 제자들

출전 마태복음, 누가복음, 마가복음, 요한복음

이후 예수는 제자들을 이끌고 예루살렘으로 향했다. 물론 예루살렘은 그 전에도 자주 방문한 곳이었다. 예루살렘에 사는 사람 중에는 소년 예수가 성전에서 학자들과 대등하게 논쟁하여 사람들을 놀라게 했던 일을 기억하는 사람도 있었다.

그러나 이번 예루살렘 방문은 과거와는 완전히 의미가 달랐다. 예수는 이곳에서 고통을 당하고 죽을 위기에 처하기 때문이다.

그래서 예수는 지금까지와 다른 방법으로 방문했다. 제자들에게 끌고 오게 한 당나귀에 탄 것이다. 이번 방문은 『구약성경』의 즈가리야에 써진 예언을 이루기 위해서였다. 그 문장은 다음과 같다.

"보아라, 네 왕이 오신다. 그는 하나님의 종이고 너에게 승리를 주실 분이다. 그는 겸손하게 당나귀를 타고 올 것이다."

즈가리야에 "수도 예루살렘아, 환성을 올려라."라고 쓰여 있는 것처럼 예수 일행은 크게 환대를 받았다. 사람들은 자신의 겉옷을 벗어 길에 펴놓거나 나뭇가지(종려나무•)를 깔아 예수를 환영했다.

그리고 이렇게 외쳤다.

"호산나! 다윗의 자손! 주의 이름으로 오시는 이여, 찬미받으소서. 지극히 높은 하늘에서도 호산나!"

'호산나'란 '주여, 우리를 구원하소서'라는 의미의 말이다. 사람들은 예수를 구세주 또는 예언자로 믿으며 드디어 때가 왔다고 생각하여 환영한 것이다.

그러나 그들은 아직 예수가 말하는 '구원'의 진정한 의미를 이해하지 못했다.

• 대추야자로도 번역된다. 승리, 낙원 등을 상징한다.

조토 디 본도네, 〈예루살렘 입성〉

나무에 올라가는 사람들. 왼쪽 사람은 길에 깔기 위해 나뭇가지를 꺾고 있다. 오른쪽 사람은 예수의 모습을 보기 위해 나무에 올라간 세관장 자캐오다.

당나귀에 올라타고 성문으로 향하는 예수.

예수를 환영하는 사람들. 과월절을 앞둔 예루살렘에는 많은 사람이 몰려 북적거렸다. 길에는 옷을 까는 사람도 있었다.

예수가 당나귀에 타고 입성했다

즈가리야에는 이렇게 써 있다. "예루살렘에서 군마를 없애시리라. 군인들이 메고 있는 활을 꺾어버리시고 뭇 민족에게 평화를 선포하시리라."	예수는 개선한 왕처럼 말을 타는 것이 아니라 평화를 상징하는 당나귀를 타고 입성했다.
왕의 개선	**예수의 귀환**
말 = 군마 · 의식 · 부 ↓ 전쟁 	**당나귀** = 운반 · 생활 · 빈곤 ↓ 평화 

176

49

성전에서 상인을 추방하다

처음이자 마지막인 예수의 분노, 그 이유는?

출전 마태복음, 누가복음, 마가복음, 요한복음

이 에피소드만큼 『신약성경』을 읽는 사람을 부끄럽게 만드는 이야기도 없을 것이다. 적까지 사랑하라고 말한 예수가 폭력으로 성전의 상인들을 쫓아낸 일이다. 요한복음에 따르면 예수는 밧줄로 만든 채찍까지 휘둘렀다고 한다.

성전에 있던 상인들은 과월절을 맞이해 각 지역에서 모여든 참배자들을 상대로 제단에 바칠 소와 양, 비둘기를 팔거나 봉헌한 돈을 교환해주는 사람들이었다. 예수는 그것을 용서할 수 없었다.

요한복음에 기록된 한 구절을 인용해보겠다.

"밧줄로 채찍을 만들어 양과 소를 모두 쫓아내시고 환금상들의 돈을 쏟아버리며 그 상을 둘러 엎으셨다. 그리고 비둘기 장수들에게 '이것들을 거두어 가라. 다시는 내 아버지의 집을 장사하는 집으로 만들지 말라' 하고 꾸짖으셨다."

마태복음, 마가복음, 요한복음에서는 상인들에 대한 언어가 더욱 격해진다.

"나의 집은 기도의 집이 될 것이다. 그런데 너희는 이곳을 강도들의 소굴로 만들고 있다."

기도의 장소를 장사에 이용해서 참배자들에게 돈을 갈취하는 행태를 꾸짖은 것이다.

요한복음에는 공관복음서인 마태복음, 누가복음, 마가복음에는 없는 유대인들과 예수의 대화가 실려 있다. 유대인들이 "당신이 이러한 일을 하는데, 당신에게 이럴 권한이 있음을 증명해보시오. 도대체 무슨 기적을 보여주겠소?" 하고 묻자 예수는 "이 성전을 허물어라. 내가 사흘 안에 다시 세우겠다."라고 대답했다.

유대인들이 46년이나 걸려 건축한 성전을 사흘 만에 다시 세운다•는 말에 놀랐으나, 예수는 자신의 몸을 성전이라고 말한 것이다.

• 사흘 후에 다시 세운다는 말은 사흘 후에 부활한다는 의미다.

조토 디 본도네, 〈성전에서 환전상을 내쫓는 그리스도〉

예루살렘에서 예수를 기다리던 수난

예루살렘에 입성한 날부터 부활 전날까지의 일주일을 수난 주간이라고 한다. 이 기간 동안 예수는 여러 가지 수난을 당했다.

- **월요일**: 예수 일행이 예루살렘에 입성한다.
- **월요일~화요일**: 제사장과 율법학자가 예수 살해를 모의한다.
- **수요일**: 유다가 제사장에게 예수를 배신하겠다고 전한다.
- **목요일**: 최후의 만찬 후 예수가 체포된다.
- **금요일 (예수의 수난일)**: 예수는 아침에 재판을 받고 형벌이 결정된다. 바로 집행되어 15시 정도에 죽은 후 매장된다.
- **토요일**: 안식일이었다.
- **일요일**: 예수가 부활한다.

50 최후의 만찬

식사 중에 예수가 말한 세 가지

(출전) 마태복음, 누가복음, 마가복음, 요한복음

예루살렘에 입성한 후에도 예수는 사람들에게 말씀을 설교하는 한편 제사장과 장로, 율법학자와 논쟁했다. 그 사이에 과월절이 가까워졌다. 예수는 제자들에게 과월절 식사를 준비시켰다.

요한복음에 따르면 식사 전에 예수는 제자들의 발을 씻겨주셨다고 한다. 그리고 "스승이며 주인인 내가 너희의 발을 씻겨주었으니 너희도 서로 발을 씻겨주어야 한다."라고 말씀하셨다.

식사 중에 예수는 함께 식사하는 사람 중에 자신을 배반할 사람•이 있다고 말씀하셨다. 제자들은 술렁거렸지만 예수는 식사를

• 마가복음과 누가복음에서는 배반자를 지명하지 않았다. 또한 요한복음에서는 예수가 유다에게 "네가 할 일을 어서 하여라."라고 말했다고 한다.

계속 하셨다.

그러고 나서 예수는 빵을 집어 축복하신 후 그 빵을 찢어서 제자들에게 나눠주고 다음과 같이 말씀하셨다.

"받아먹어라. 이것이 내 몸이다."

또한 잔을 들어 감사의 기도를 올리시고 제자들에게 돌리며 말씀하셨다.

"이것은 많은 사람을 위해 내가 흘리는 계약의 피다."

이것이 미사에서 사용되는 성찬(성찬식)의 기원이다.

예수는 제자들이 그날 밤에 자신을 부인할 것을 예언했다. 신앙심을 잃기 시작한다는 뜻이다. 그러자 베드로는 모두 예수를 부인해도 자신은 부인하지 않겠다고 말했다. 하지만 예수는 "내 말을 잘 들어라. 오늘 밤 닭이 울기 전에 너는 세 번이나 나를 모른다고 할 것이다."라고 단언하셨다.

레오나르도 다 빈치, 〈최후의 만찬〉

51

겟세마네 동산에서의 기도

수난을 앞에 두고 고뇌하는 예수의 깊은 고독

출전 마태복음, 마가복음, 누가복음

성전에서는 분노를 드러냈던 예수는 겟세마네에서는 깊은 고뇌에 빠지셨다.

최후의 만찬 후에 예수는 제자들과 올리브산 기슭에 왔다. 올리브산은 예루살렘의 랜드마크와 같은 산으로 예수는 이곳에서 즐겨 기도했다.

예수는 베드로, 야고보, 요한을 데리고 겟세마네 동산에 들어갔다. 이때부터 예수는 두려움으로 몸을 떨었다고 한다.

"내 마음이 괴로워 죽을 지경이니 너희는 여기 남아서 깨어 있어라."

예수는 그렇게 말하고 조금 떨어진 장소에서 땅에 엎드려 기도하기 시작했다.

"아버지, 나의 아버지! 아버지께서는 무엇이든 다 하실 수 있으시니 이 잔을 나에게서 거두어 주소서. 하지만 제 뜻대로 마시고 아버지의 뜻대로 하소서."

'잔'이란 앞으로 예수가 받을 수난을 의미한다. 예수도 그 수난에 대한 공포를 느꼈던 것일까, 누가복음에는 "핏방울 같은 땀이 뚝뚝 흘러 땅에 떨어졌다."라고 전한다.

기도를 마친 예수가 돌아오자 제자들은 잠들어 있었다. 예수는 한탄하며 제자들에게 말했다.

"유혹에 빠지지 않도록 일어나 기도하여라."•

그러나 예수가 다시 기도하고 돌아오니 세 제자는 여전히 자고 있었다. 세 번째 돌아왔을 때도 마찬가지였다. 예수가 말씀하셨다.

"아직도 자고 있느냐? 자, 때가 왔다. 사람의 아들이 죄인들 손에 넘어가게 되었다. 일어나 가자. 나를 넘겨줄 자가 가까이 와 있다."

• 마태복음 24장 42절에는 이렇게 적혀 있다. "너희의 주인이 언제 올지 모르니 깨어 있어라."

안드레아 만테냐, 〈겟세마네 동산에서의 고뇌〉

하늘에서 내려온 천사. 손에 들고 있는 것은 이후 수난에 사용될 형구.

예수를 체포하기 위해서 온 제사장의 부하들. 선두에 걷고 있는 유다.

만테냐는 고도의 기술로 리얼한 종교화를 많이 그렸다. 이 작품에서는 예수의 고난을 생생하게 표현했다.

고독하게 기도하는 예수. 그 밑에는 자고 있어서 아무 도움이 되지 않는 제자들.

올리브산은 예루살렘의 랜드마크

올리브산은 감람산으로도 불리는 예루살렘 동쪽에 있는 826m의 산이다. 과거에는 솔로몬이 이곳에 이교도의 성전을 세웠고, 다윗은 왕위를 위협받아 도망치던 길에 이 산을 지났다.

▶ 원경에 올리브산. 근경에 성전 언덕이 보이는 현재 예루살렘.

▲ 지금도 올리브 고목이 서 있는 겟세마네 동산.

52

배신자 유다의 입맞춤

배신에 이용된 친애의 행위

(출전) 마태복음, 누가복음, 마가복음, 요한복음

겟세마네 동산에서 고통스러운 기도가 끝났을 때 한 무리의 남자들이 찾아왔다. 제사장과 장로들이 보낸 병사들이었다. 그리고 그 선두에 있던 사람이 십이사도 중 하나인 이스카리옷 출신 유다였다.

사실 유다는 최후의 만찬에 참석하기 전 제사장을 찾아갔다. 예수를 넘기면 얼마를 줄지 물었던 것이다. 이 거래로 유다는 은화 30개를 얻었다.

유다는 사람들에게 "내가 입맞춤을 하는 사람이 예수다."라고 미리 말해두었다. 그는 제사장과 바리새인들로 이루어진 무리, 무장한 로마 병사들을 이끌고 겟세마네 동산에 도착했다. 유다는 바로 예수 앞으로 갔다. 그러고는 "선생님, 안녕하세요." 하고 입맞춤을 했다.

누가복음에 따르면 이때 예수는 "유다야, 입을 맞추어서• 사람의 아들을 잡아 넘기려느냐?"라고 말했다고 한다.

예수는 바로 잡혔지만 베드로는 칼로 병사의 귀를 내리쳐 떨어뜨렸다.

예수는 당장 그것을 책망하며 말씀하셨다.

"칼을 제자리에 도로 꽂아라. 칼을 쓰는 사람은 모두 칼로 망하는 법이다."

또한 체포하러 온 사람들에게도 말씀하셨다.

"너희는 전에 내가 날마다 성전에 앉아서 가르치고 있을 때는 나를 잡지 않다가 지금은 칼과 몽둥이를 들고 잡으러 왔으니 내가 강도란 말이냐?"

그러는 사이 십이사도를 비롯한 제자들은 모두 도망가버렸다. 최후의 만찬 자리에서 예수가 말씀하신 "오늘 밤, 너희들은 모두 나를 부인할 것이다."라고 예언한 대로 된 것이다.

• 입맞춤이라고 하는 친애를 나타내는 행위를 배반의 신호로 사용한 점이 이 사건의 비극성을 더욱 격화시킨다.

조토 디 본도네, 〈유다의 입맞춤〉

유다는 왜 배신했을까?

회계를 맡기는 등 예수에게 신임받던 유다는 왜 배신을 했을까? 후세에 여러 가지 이야기가 전해지고 있다.

❖ 금전 욕망설	❖ 혁명설	❖ 하나님의 계획설
복음서에 기록된 것처럼 유다가 돈을 목적으로 예수를 팔아넘겼다는 해석. 유다는 그 후 돈을 돌려주려 했으나 결국 성전에 던져버리고 목을 매달아 자살했다.	유다는 예수가 반로마 혁명을 일으킬 것으로 기대했으나 그럴 생각이 없음을 알고 배신했다는 해석. 재판장에서 민중의 모독도 이런 이유에서 유래했다고 한다.	유다의 배신도 하나님의 계획 중 일부라는 해석. 예수의 수난에는 배반자가 필요했으므로 유다가 일부러 미움받는 역할을 맡아 나섰다고 한다.

53

세 번 부인한 베드로

베드로의 행동은 예수의 말씀대로

(출전) 마태복음, 누가복음, 마가복음, 요한복음

체포된 예수는 대사제 가야파의 장인 안나스에게 끌려갔다. 안나스는 과거에 대사제였기 때문에 여전히 대사제로 불렸다(체포 후의 상황은 복음서에 따라 조금씩 달라서 요한복음을 중심으로 다른 복음서의 일부를 보충하면서 기술한다).

겟세마네 동산에서 도망쳤던 베드로•도 다른 제자와 함께 예수를 따라갔다. 다른 제자는 안나스와 아는 사이여서 문지기 하녀에게 말해 베드로도 집 안으로 데리고 들어갔다.

그런데 그 문지기 하녀가 베드로의 얼굴을 보고 "당신도 저 사

• 성 베드로 대성당은 로마에서 순교한 베드로의 묘지 위에 세워졌고, 로마 교황(법왕)은 베드로의 후계자로 여겨진다.

람의 제자가 아닙니까?" 하고 물었다. 베드로는 당황해서 "아니오." 라며 부인했다. 그러고 나서 베드로는 집 안뜰에서 다른 사람들과 함께 불을 쬐며 예수의 재판을 신경 쓰고 있었다.

그러자 그곳에 있던 사람들이 "당신도 저 사람의 제자가 아니오?" 하고 물었다.

베드로는 이번에도 아니라고 부인했지만 베드로에게 귀를 잘린 남자의 친척이 다가와 그를 몰아세웠다.

"당신이 겟세마네 동산에서 그와 함께 있는 것을 내가 보았는데 그러시오?"

베드로는 더욱 강하게 아니라며 부인했고 그 순간 닭이 울었다.

베드로는 예수가 "닭이 울기 전에 너는 세 번이나 나를 모른다고 할 것이다."라고 말씀하신 것이 떠올라 밖으로 나와 통곡하며 울었다.

렘브란트 반 레인, 〈성 베드로의 부인〉

재판받은 예수

과거 대사제 안나스	제자와 가르침이 무엇인지를 물었는데, 예수가 대답하지 않자 사위 가야파에게 보낸다.
↓	
대사제 가야파	'메시아인가'라고 묻자, '그렇다!'라고 답한 말을 꼬투리 잡아 사형에 처해야 한다고 선고를 내린다.
↓	
유다 총독 빌라도	직접 신문하지만 죄를 찾지 못한다.
↓	
갈릴리 통치자 헤로데 안티파스	신문하지만 예수가 침묵으로 일관하자 조롱하며 빌라도에게 다시 돌려보낸다. → 다음 장에 계속

54

형장으로 향하는 예수

민중의 신앙 속에서 태어난 수난의 길이라는 전설

출전 마태복음, 누가복음, 마가복음, 요한복음

예수가 민중의 인기를 끌면서 자신들의 권위가 위협받는 것을 두려워한 대제사장 가야파와 유대교 장로들, 율법학자들은 예수가 자신을 메시아로 인정한 사실을 두고 하나님에 대한 모독죄로 사형에 처해야 한다는 판결을 내렸다.

로마의 지배를 받던 유대인은 사형 판결이나 집행을 할 수 없었다. 그래서 예수를 유다 총독인 빌라도에게 데리고 가서 판결을 청원했다. 직접 신문한 빌라도는 예수의 죄목을 찾지 못해 죄인 1명을 풀어줄 수 있는 과월절의 관례에 따라 예수를 석방하려고 했다.

그러나 제사장들에게 선동된 군중은 예수가 아닌 살인자 바라바의 석방을 요구했다. 사형이 결정된 예수는 먼저 병사들에게 모욕을 당했다. 붉은 외투를 입히고 가시나무로 왕관을 엮어 머리에

씌우고 갈대로 만든 막대를 들게 한 후 "유대인의 왕 만세!" 하고 소리치며 조롱했다. 게다가 갈대 막대로 머리를 때렸다.

그리고 밖으로 끌려 나온 예수는 십자가를 지고 형장인 골고다 언덕•까지 걸어가셨다. 십자가는 도중에 마침 지나가던 시몬이라는 남자가 대신 지게 되었다. 아마도 예수가 더 이상 걷지 못해서였을 것이다.

예수를 신봉하는 민중과 여자들도 뒤따랐다. 예수는 그녀들에게 말씀하셨다.

"예루살렘의 여인들아, 나를 위하여 울지 말고 너와 네 자녀들을 위하여 울어라."

골고다 언덕까지 약 1km의 도정에 대해 복음서에는 자세하게 기록하고 있지 않지만 후세 사람들은 그 사이에 여러 가지 사건과 기적이 있었다고 생각해서 이 길에 비아 돌로로사••라는 이름을 붙였다.

• 예루살렘 교외에 있는 언덕. 골고타 언덕이라고도 한다. 성 밖에 있던 것 같지만 정확한 위치는 불분명하다.

•• 슬픔의 길, 고난의 길이라는 의미.

조토 디 본도네, 〈십자가를 지고 가는 그리스도〉

T자형의 십자가. 15~16세기의 회화에서는 이 형태의 십자가가 많이 등장한다.

충격을 받은 성모마리아.

십자가를 진 예수.

비아 돌로로사에 있는 14개의 성스러운 예수의 흔적

1 빌라도에게 사형 판결을 받았다.
2 채찍질당하며 십자가를 지고 걷기 시작했다.
3 십자가의 무게로 쓰러졌다.
4 성모마리아와 만났다.
5 시몬이 대신 십자가를 지고 갔다.
6 성 베로니카가 예수의 얼굴을 닦아 드렸다.
7 두 번째로 쓰러졌다.
8 슬피 울며 따라오는 여자들에게 말씀하셨다.
9 세 번째로 쓰러졌다.
10 옷을 강제로 벗겼다.
11 십자가에 달렸다.
12 숨을 거두었다.
13 십자가에서 내렸다.
14 무덤에 묻혔다.

※10~14는 십자가의 길에 세워진 성묘 교회 안

55 결국 형벌에 처해지다

십자가에 못 박힌 예수와 수난의 완결

(출전) 마태복음, 누가복음, 마가복음, 요한복음

그리고 예수는 십자가에 달렸다.• 손발에 못이 박힌 채 높게 걸렸다.

예수의 머리 위에는 '이 사람은 유대인의 왕'이라는 죄목이 적혀 있었다. 예수는 십자가에 달리기 전에 옷이 찢겼는데, 그 옷은 병사들이 주사위를 던져 나눠가졌다.

예수를 향한 모욕은 계속되었다. 구경꾼이나 지나가는 사람들이 예수를 향해 "성전을 헐고 사흘이면 다시 짓는다던 자야, 네 목숨이나 건져라. 네가 정말 하나님의 아들이거든, 어서 십자가에서 내려와보아라."라고 조롱했다.

• 십자가형은 로마 제국이 이민족을 사형에 처할 때 사용한 형벌이었다.

제사장과 율법학자, 장로들도 "남은 살리면서 자기는 못 살리는구나. 저 사람이 이스라엘의 왕이래. 십자가에서 한번 내려와보시지. 그러면 우리가 믿고말고."

예수와 함께 2명의 강도가 십자가에 달려 있었다. 마태복음, 마가복음에는 이 강도들도 예수를 모욕했다고 하는데, 누가복음에는 한쪽 강도가 모욕하는 강도를 꾸짖으며 이렇게 말했다고 적혀 있다.

"예수님, 예수님께서 왕이 되어 오실 때에 저를 꼭 기억하여 주십시오."

또한 요한복음에는 십자가 위의 예수가 성모마리아에게 "어머니, 이 사람이 어머니의 아들입니다."라고 말했다고 한다.

그리고 마리아 곁에 서 있던 제자(십이사도의 요한으로 보인다)에게 이렇게 말했다.

"이분이 네 어머니시다."

예수는 자신이 죽은 뒤(승천 후) 성모마리아를 그에게 부탁한 것이다.

안드레아 만테냐, 〈십자가에 매달리신 그리스도〉

예수의 죽음을 슬퍼하는 성모마리아. 왼쪽 십자가 밑에 서 있는 사람은 예수가 성모마리아를 부탁한 사도 요한.

「I.N.R.I.=Iesus Nazarenus Rex Iudaeorum」(나사렛자레 예수, 유대인의 왕)라고 적힌 죄목.

예수를 믿고 마지막에 회개하여 천국의 티켓을 얻은 강도.

예수의 옷을 걸고 주사위를 던지는 병사들.

다양한 십자가 종류

① 라틴 십자가 ② 그리스 십자가 ③ 성 안드레아 십자가 ④ 성 안토니우스 십자가 ⑤ 입실론 십자가

⑥ 교황 십자가 ⑦ 대주교 십자가 ⑧ 정교회 십자가 ⑨ 예루살렘 십자가 ⑩ 몰타 십자가

56

성모와 죽은 예수

『신약성경』의 클라이맥스, 십자가 강하와 피에타

(출전) 마태복음, 누가복음, 마가복음, 요한복음

낮 12시인데도 밤처럼 어두워지고, 그 상태가 오후 3시 즈음까지 이어졌다. 그때였다. 예수가 큰 목소리로 "엘리 엘리 레마 사박타니."•라고 외쳤다.

이 말씀은 "나의 하나님, 나의 하나님, 어찌하여 나를 버리셨나이까."라는 의미로 『구약성경』의 시편 12절(22:2)의 구절인데, 보초를 서던 병사는 예언자 엘리야를 부르는 것으로 생각해서 주변을 두리번거리며 살펴봤다.

• 마태복음과 마가복음에서는 이 말이 예수의 마지막 말이고 누가복음에는 "아버지, 제 영혼을 아버지 손에 맡깁니다!", 요한복음에는 "이제 다 이루었다."가 마지막 말이라고 쓰여 있다.

그러나 예수는 한 번 더 크게 외친 후 숨을 거두셨다. 그 순간에 지진이 일어나고 바위가 깨졌다. 이 기적으로 몇 사람은 예수가 진짜 신의 아들임을 깨달았다.

요한복음에 따르면 이후 병사 하나가 정말 죽었는지 확인하기 위해서 창으로 예수의 옆구리를 찔러봤는데 피와 물이 흘러내렸다고 한다.

저녁 무렵 은밀히 예수를 신봉하던 부자 요셉이 예수의 시체를 가져가겠다고 빌라도에게 요청해서 허락을 받았다. 그리고 제자와 신도들이 예수를 십자가에서 내렸는데, 그 장면도 〈십자가 강하〉라는 제목으로 많이 그려졌다.

십자가 밑에는 예수를 따르며 시중들던 여자들이 기다리고 있었다. 그중에서도 거대한 슬픔에 빠진 사람이 성모마리아였다.

복음서에는 자세하게 기술되어 있지 않지만 예수의 시체를 안고 통곡하는 모습을 '피에타'로 부르며 많은 그림과 조각이 만들어졌다.

디르크 바오츠, 〈피에타〉

바오츠는 인물과 십자가를 그리고, 배경으로 광대한 풍경을 그려서 작품에 통일감을 가져왔다.

57

예수의 부활

막달라 마리아 앞에 나타난 예수

(출전) 마태복음, 누가복음, 마가복음, 요한복음

예수의 시체에는 향유가 발라졌다. 시체는 고운 베로 싸여서 무덤에 묻혔다.* 그리고 무덤 앞은 큰 돌로 막아 놓았다.

남자들은 거기까지 작업을 마치고 집으로 돌아갔지만 막달라 마리아는 그곳에 남아 무덤을 바라보며 한참을 앉아 있었다. 한편 제사장들은 신자들이 예수의 시체를 훔쳐 부활했다고 주장할까봐 두려워서 무덤 앞에 경비병들을 세워두기로 했다.

수난일 이튿날은 안식일이어서 안식일이 끝난 이른 아침에 막달라 마리아 일행은 무덤을 보러 갔다.

그러자 커다란 지진이 일어났다. 그리고 하늘에서 내려온 천사

* 이러한 매장법은 나사로를 매장한 방식과 매우 유사하다. 38장 참조.

가 무덤 앞을 막은 돌을 옆으로 치웠다. 천사는 번개처럼 빛났고 그의 옷은 눈처럼 희었다. 이 기적을 눈앞에서 본 경비병들은 두려움에 질려서 기절해버렸다.

천사는 막달라 마리아 일행에게 말했다.

"너희는 십자가에 달리셨던 예수를 찾고 있으나 그분은 여기 계시지 않다. 전에 말씀하신 대로 다시 살아나셨다. 그분이 누우셨던 곳을 와서 보아라. 그리고 빨리 제자들에게 가서 '예수께서는 죽었다가 다시 살아나셨고 당신들보다 먼저 갈릴리로 가실 터이니 거기에서 그분을 뵙게 될 것이오' 하고 알려라. 나는 이 말을 전하러 왔다."

막달라 마리아 일행이 제자들에게 달려가자 그곳에 예수가 서서 "평안하냐?"라고 말씀하셨다.

막달라 마리아 일행이 예수의 발을 붙잡고 엎드리자 예수는 이렇게 말씀하셨다.

"두려워하지 말라. 가서 내 형제들에게 갈릴리로 가라고 전하여라. 그들은 거기서 나를 만나게 될 것이다."

그리고 그 말씀대로 이루어진 것이다.

피에로 델라 프란체스카, 〈그리스도의 부활〉

성묘 교회 - 예수가 묻히고 부활했다고 여겨지는 성지

성묘 교회는 4세기 로마 교황 콘스탄트누스 1세가 골고다 언덕이 있던 곳이라고 여겨지는 장소에 세운 교회다.

▲ 외관.

▲ 내관. 중앙에 보이는 것이 예수의 무덤.

58 예수의 부활을 안 제자들

막달라 마리아와 십이사도, 각자의 수용 방법

출전 요한복음

마가복음과 요한복음은 부활한 예수와 처음 만난 사람이 막달라 마리아였다고 한다. 그 상황이 요한복음에 자세하게 기록되어 있다.

아침 일찍 막달라 마리아가 예수의 무덤에 가보니 무덤 입구를 막은 돌이 이미 치워져 있고 예수의 시체가 사라지고 없었다. 막달라 마리아는 무덤 밖에서 울고 있었는데, 무덤 속에는 2명의 천사가 있었다.

천사들이 막달라 마리아에게 "왜 울고 있느냐?" 하고 물었다. 막달라 마리아는 "누군가 제 주님을 꺼내갔습니다. 어디에다 그분을 모셨는지 모르겠습니다."라고 대답하며 뒤를 돌아봤다. 그러자 예수께서 그곳에 서 계셨다.

그러나 막달라 마리아는 미처 예수인 줄 모르고 동산지기•라고 생각했는데, 예수가 말씀하셔서 예수인 줄 알았다. 막달라 마리아가 놀라서 예수를 만지려고 하자 "놀리 메 탄게레(나를 만지지 마라). 내가 아직 아버지께 올라가지 않았으니."라고 말하며 곧 승천할 것임을 제자들에게 전하라고 말씀하셨다.

그리고 예수는 제자들 앞에 모습을 드러내셨다. 집 문을 열쇠로 잠가 두었는데 방 안에 들어와 서 계셨다.

예수는 숨을 내쉬며 "성령을 받아라. 누구의 죄든지 너희가 용서해주면 그들의 죄는 용서받을 것이고 용서해주지 않으면 용서받지 못한 채 남아 있을 것이다."라고 말씀하셨다.

마침 도마는 그 장소에 없었기 때문에 십자가에 달렸을 때 난 상처를 볼 때까지 믿지 못한다고 말했다. 여드레 후에 다시 나타나신 예수는 도마에게 상처를 보여주고 "너는 나를 보고야 믿느냐? 나를 보지 않고도 믿는 사람은 행복하다."라고 말씀하셨다.

• 묘지를 관리하는 사람.

프라 안젤리코, 〈놀리 메 탄게레〉

성 막달라 마리아 교회

성 막달라 마리아 교회는 올리브산 중턱에 있는 러시아 정교회다. 막달라 마리아와 러시아 황제 알렉산드르 3세의 어머니 마리아를 기념해서 세워졌다.

▶ 7개의 금색 양파 모양의 돔이 특징.

59 예수가 승천하다

40일 후 하나님 옆에 앉은 예수

출전 마가복음, 누가복음, 사도행전

사도행전•에 따르면 부활한 예수가 지상에서 사도들과 함께 지낸 기간은 40일이었다고 한다. 이 40일이라는 기간은 성경에서는 특별한 의미가 있다. 왜냐하면 대홍수를 일으켜 비가 내린 날짜기도 하고, 모세가 시나이산에서 하나님과 함께 머물던 날짜기도 하고, 또한 예수가 황야에서 악마에게 시련을 당한 날짜기도 하기 때문이다.

그리고 40일이 지났을 때 예수는 하나님에 의해 하늘로 올라가셨다. 이러한 일에 대해서는 사도행전에 자세하게 기록되어 있다.

• 4권의 복음서 이후에 이어지는 『신약성경』 첫 번째 권. 주로 초기 기독교 사회의 활동이 기록되어 있다.

그때 사도들은 올리브산에서 예수의 말씀을 듣고 있었다. 예수가 사도들에게 성령이 내려와 세계 곳곳에서 예수의 가르침이 힘을 가지게 될 것을 알려주시고 승천하셨다. 사도들은 하늘로 올라가는 예수를 계속 바라보고 있었는데, 마침내 구름에 싸여 모습이 보이지 않게 되었다.

정신을 차리자 사도들 곁에 하얀 옷을 입은 사람(천사) 둘이 나타나 이렇게 말했다.

"왜 너희는 여기에 서서 하늘만 쳐다보고 있느냐? 너희 곁을 떠나 승천하신 저 예수께서는 너희가 보는 앞에서 하늘로 올라가시던 그 모습으로 다시 오실 것이다."

한편 마가복음에는 짧지만 매우 중요한 내용이 적혀 있다.

"주님이신 예수께서 제자들에게 말씀을 다 하시고 승천하셔서 하나님 오른편에 앉으셨다."

하나님의 오른편이란 하나님의 전권을 위임한 사람이 앉는 곳이다.

안드레아 만테냐, 〈그리스도의 승천〉

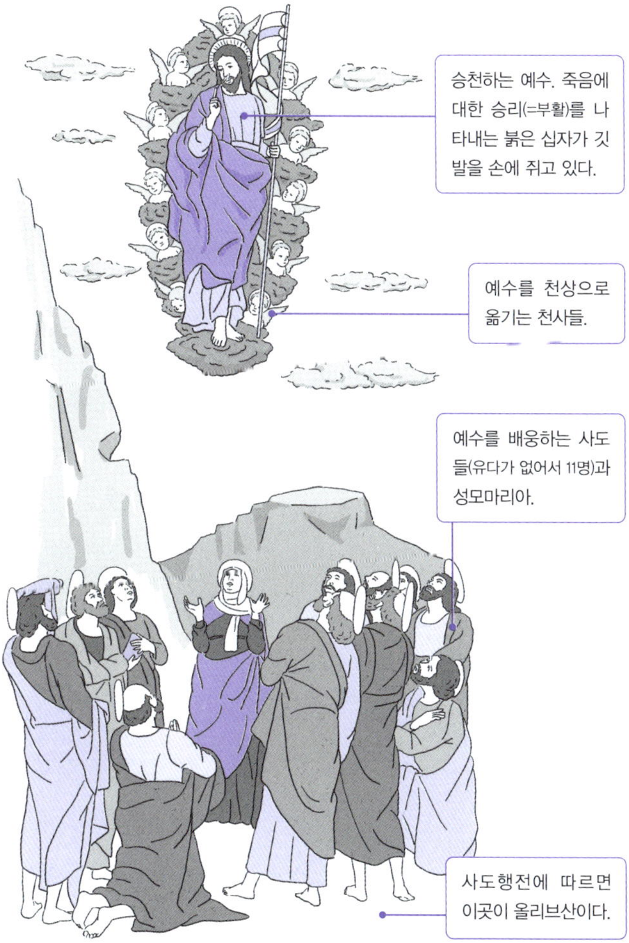

이 그림은 예수(위)와 제자들(아래)이 두 그룹으로 나누어져 있어서 화면 구성이 어렵다. 하지만 만테냐는 절묘한 균형으로 표현하고 있다.

60

바울의 회심

신앙에 눈뜨고 박해자에서 전도자로 전향하다

(출전) 사도행전

예수가 승천한 후 50일이 지났을 때 사도들은 한 곳에 모여 이야기하고 있었다. 그때 갑자기 하늘에서 세찬 바람이 부는 듯한 소리가 들려 방 안을 가득 채우더니 불길과 같은 혀가 나타나서 사도 한 사람 한 사람 위에 내렸다. 그리고 사도들은 몸이 성령으로 가득 찬 것을 느끼고 그 성령이 말하는 대로 여러 가지 나라 말로 이야기하기 시작했다.

밖에서 이 모습을 보고 있던 사람들은 어리둥절했다. 예루살렘에는 다양한 나라에서 온 사람들이 있었는데, 사도들의 대화가 자기네 나라 말로 들렸기 때문이다.

베드로는 그 사람들에게 이렇게 말했다.

"하나님께서는 이 예수를 높이 올려 당신의 오른편에 앉히시고 약속하신 성령을 주셨습니다. 예수께서는 아버지께 받은 성령을 지금 여러분이 보고 듣는 대로 우리에게 부어 주셨습니다."

이 일을 계기로 사도들은 적극적으로 외국으로 가서 이교도에게 포교하기 시작했다.

그러나 유대교의 제사장과 장로들, 로마 제국의 정치가는 급속도로 신자를 늘려가는 기독교를 치안을 어지럽힌다고 탄압하기 시작했다. 계속해서 사도가 순교했다.

기독교가 발전하는 데 큰 역할을 한 바울도 원래는 기독교도를 박해하던 사람이었다. 그런데 시리아의 다마스쿠스로 향하던 도중 "왜 나를 박해하느냐?"라는 예수의 목소리를 듣는 기적을 경험하고 신앙에 눈을 뜨게 되었다(이것을 회심이라고 한다).

이 기적을 경험한 후 바울은 사흘 동안 앞이 보이지 않았는데, 예수의 제자 아나니아•가 눈에 손을 대자 눈이 번쩍 뜨이면서 다시 볼 수 있게 되었다.

• 십이사도에는 포함되지 않지만 예수의 제자 중 하나다. 다마스쿠스에 살았다.

피에트로 다 코르토나, 〈바울의 시력을 회복시켜주는 아나니아〉

바울의 생애 연표

기원전후	소아시아 다르소에서 태어났다. 유대인 식 이름은 사울. 유대교 바리새파에 속한다.
30~33년경	기독교도를 탄압. 신도들을 감옥에 집어넣었다.
33년경	예수의 계시를 따라 회심하다.
47~48년	제1회 선교 여행(시리아~소아시아).
49~52년	제2회 선교 여행(소시리아~그리스).
53~57년	제3회 선교 여행(이집트에서 투옥 생활을 함).
57년	예루살렘에서 체포되다.
59년~60년	로마로 호송되다.
64~67년경	로마에서 순교하다.

* 연대에 대해서는 여러 가지 설이 있다.
평생 남긴 13통의 편지에 담긴 신앙과 사상이 후세 기독교에 커다란 영향을 미쳤다.

61

세상의 종말과 최후의 심판

정의와 악이 결말을 지을 때

(출전) 요한묵시록

성경에서 가장 마지막에 수록된 편이 요한묵시록이다. 이것은 십이사도 중 한 사람인 요한이 안식일에 에게해의 밧모섬에서 본 환상의 계시[•]라고 여겨진다.

요한묵시록은 하나님과 천사, 기괴한 괴물이 등장하고 천재지변과 불가사의한 현상이 계속 일어나는 수수께끼로 가득 찬 책이다. 예로부터 다양하게 해석되었다.

또한 거기에 그려진 신비한 광경은 나중에 문학과 미술에 많은 영향을 주었다. 환상문학, 슈르레알리즘, SF 등도 묵시록이 없었다

• 『구약성경』에서는 다니엘(24장 참조)에서도 비슷한 환상적 계시(묵시문학)가 기록되어 있다.

면 태어나지 않았을 것이다.

난해한 책이지만 결론은 명백하다. 여러 가지 사건 끝에 하나님의 마지막 재판이 있고 이때 선한 자는 하나님 곁으로 가고, 악한 자는 영원한 지옥으로 떨어진다는 메시지가 담겼다.

이 세상 끝에 하나님의 심판이 있다는 신앙은 『구약성경』에서도 나타난다(다니엘 등). 하지만 분명하게 주장하게 된 시점은 예수의 등장 이후다. 마태복음에는 하나님이 모든 사람을 양(선한 자)과 염소(악한 자)로 나눠서 양은 천지창조 때부터 준비된 나라로, 염소는 악마를 위해 준비한 영원한 불 속으로 보낸다고 쓰여 있다.

또한 요한묵시록에는 이렇게 적혀 있다.

"그것은 생명의 책이었습니다. 죽은 자들은 그 많은 책에 기록되어 있는 대로 자기들의 행적을 따라 심판을 받았습니다. (중략) 이 불바다가 두 번째 죽음입니다. 이 생명의 책에 그 이름이 올라 있지 않은 사람은 누구나 이 불바다에 던져졌습니다."

최후의 심판이 내려졌을 때 신자의 수난의 역사는 완전히 끝나고 신앙은 영원한 승리를 얻을 것이다.

한스 멤링, 〈최후의 심판〉

'최후의 심판'은 많은 화가가 작품으로 남겼다. 작품 대부분은 중앙에 하나님, 왼쪽에 천국, 오른쪽에 지옥을 배치하고 있다.

사진 제공

iStock.com/HomoCosmicos, Jacek_Sopotnicki, kirill4mula, sedmak, LindaJohnsonbaugh, Jorisvo, flik47, Mario Eduardo KOUFIOS FRAIZ, LUKASZ-NOWAK1, fotokon, Avi_Cohen_Nehemia, nmonckton, makarenko07/ DPA·Kyodo News Images/ PIXTA/photolibrary

성경

1판 1쇄 인쇄 2025년 5월 19일
1판 1쇄 발행 2025년 6월 13일

지음 시부야 노부히로
옮긴이 양지영

발행인 양원석 **편집장** 권오준 **책임편집** 김희현
디자인 강소정, 김미선 **영업마케팅** 조아라, 박소정, 이서우, 김유진, 원하경
해외저작권 임이안, 안효주

펴낸 곳 ㈜알에이치코리아
주소 서울시 금천구 가산디지털2로 53, 20층(가산동, 한라시그마밸리)
편집문의 02-6443-8846 **도서문의** 02-6443-8800
홈페이지 http://rhk.co.kr
등록 2004년 1월 15일 제2-3726호

ISBN 978-89-255-7367-0 (03230)